A RESPONSABILIDADE TRIBUTÁRIA DO SÓCIO NA EXECUÇÃO FISCAL

A RESPONSABILIDADE TRIBUTÁRIA DO SÓCIO NA EXECUÇÃO FISCAL

VALÉRIA REIS
GRAVINO

Diagramação
Géssica Marques

Projeto gráfico
Géssica Marques

Capa
Géssica Marques

Imagem da capa
Canva.com, 2016

Revisora
Beatriz de Castro

Impressão
Amazon.com

G777e

       Gravino, Valéria
         A responsabilidade tributária do sócio na
         execução fiscal / Valéria Reis Gravino. 1. Ed. –
         Rio de Janeiro, 2016.
         96 p.

           ISBN-13: 978-1537262987
           ISBN-10: 153726298X

    1. Direito; 2. Direito tributário; I. Título.

Aos meus amados pais e mães, Ilma Maria José, Noel da Rocha Correia (in memorian) e Paschoal; à eles, todo o meu amor e gratidão.

Ao querido mentor Rodolfo da Rocha Miranda pela confiança e incentivo, responsável pelo meu desenvolvimento profissional, a quem serei para sempre grata por todas as lições e desafios que me foram apresentadas ao longo de nossa convivência.

EPÍGRAFE

"Se ages contra a justiça e eu te deixo agir,
então a injustiça é minha."
(Mahatma Gandhi)

INFORMAÇÃO AO LEITOR

Esta edição trata-se da publicação de um trabalho acadêmico desenvolvido no ano de 2010. Portanto, alguns assuntos pertinentes serão incluídos, quando autorizados, em uma nova edição, pelo fato de não haver sido ainda publicada a nova Lei de Execuções Fiscais.

SUMÁRIO

INTRODUÇÃO

O TEMA DO PRESENTE TRABALHO TEM como fator de motivação a necessidade em se conhecer mais detalhadamente casos em que a responsabilidade do cumprimento da obrigação tributária principal da pessoa jurídica de direito privado é atribuída aos seus diretores, gerentes ou representantes, que não são os sujeitos da relação tributária, mas em razão de seus atos, seja por excesso de poderes, seja por infração a lei, contrato social ou estatuto, são chamados ao pólo passivo da execução fiscal.

A doutrina nacional e os Tribunais pátrios "(...) não têm se interessado muito pela questão da responsabilidade tributária, deixando uma lacuna sentida principalmente em contendas judiciais, com sérios prejuízos, sobretudo, para o cidadão"[1].

A bem da verdade, primordialmente, salienta-se que "apesar de já não ter voga o princípio in dubio pro fiscum, o fato é que a Fazenda Pública, até hoje, com a desculpa de que precisa obter recursos e evitar fraudes, não se peja de atropelar direitos dos contribuintes"[2], pois, não raro, como na hipótese de sujeição passiva do sócio na Lei 6.830/1980 – LEF, alheia à boa técnica processual e material, emprega conceitos controversos e insuficientes para o contexto tributário.

O Fisco, assim, desobedecendo ao contencioso administrativo, "(...) coloca como sujeito passivo administradores e até sócios sem gerência administrativa, não pesquisam se houve culpa ou dolo na atuação dos dirigentes de sociedades, tornando de imediato seus bens indisponíveis (...), em violações exorbitantes aos direitos fundamentais dos cidadãos"[3]. Tal situação merece um melhor posicionamento do Poder Judiciário.

Como se não bastassem tais premissas, que em primeiro plano já justificariam um enfoque acerca da responsabilidade imputada ao sócio, verifica-se ainda a grande variação de entendimentos na doutrina especializada, fato provocado, também, pela lacuna existente em contendas judiciais.

---

1   BECHO, Renato Lopes. Sujeição Passiva e Responsabilidade Tributária. p. 143.

2   CARRAZA, Roque. Curso de Direito Constitucional Tributário. p. 259.

3   COELHO, Sacha Calmon Navarro. Curso de Direito Tributário Brasileiro. p. 751.

Na jurisprudência, em especial no Superior Tribunal de Justiça, observam-se duas correntes: a primeira, utilizada em benefício do Fisco, no sentido de que para ser responsável pessoalmente pela exação fiscal, basta que o sócio, gerente ou administrador – aquele que detém o comando da pessoa jurídica – deixe de recolher o tributo na forma, no prazo ou no valor devido.

A segunda, como posição defendida pelos contribuintes em especial, entende que não se pode responsabilizar a terceiros pela obrigação tributária se não restar demonstrada cabalmente a infração à lei, ao contrato social ou aos estatutos. Indica que interpretação contrária, a defendida pelas Fazendas Públicas, implicaria em cabal afronta ao Código Comercial, ao Código Civil e à Lei n.º 6.404/76 (Lei das Sociedades por ações), pois tais diplomas impõem aos sócios a responsabilidade pessoal tão somente até a integralização das quotas ou subscrição do capital social. No curso do procedimento judicial a Fazenda Pública, resguardada e legitimada pela Lei de Execução Fiscal, pode se voltar contra os responsáveis, ainda que ausentes do título executivo, caso não localize bens penhoráveis em nome do devedor principal. Dessa forma, há previsão legal de que os bens dos responsáveis ficarão sujeitos à execução forçada, caso a pessoa jurídica não seja localizada ou seus bens não forem suficientes à satisfação do crédito tributário.

Nesse sentido, inclusive, já se manifestou a 2ª Turma do STJ: "Ajuizada execução fiscal contra a sociedade por quotas de responsabilidade limitada, e não localizados bens desta, suficientes para o adimplemento da obrigação pode o processo ser redirecionado contra o sócio-gerente (...)".

Verifica-se, então, a importância do estudo da extensão da responsabilidade dos diretores, gerentes, representantes de pessoas jurídicas ou de sócios que tenham poder de gerencia.

Para tanto, utilizar-se-á o método dedutivo, uma vez que se começa o trabalho com elementos gerais do Direito Tributário, partindo-se para caso mais específico. O trabalho dividir-se-á em três capítulos.

O primeiro capítulo será aberto, realizando indispensáveis comentários acerca do termo responsabilidade e abordando, diretamente, sua extensão e utilização pelo Código Tributário Nacional. Analisará, também, aspectos da obrigação tributária e da sujeição passiva, até se deparar com as nomenclaturas utilizadas pela tese no estudo do instituto.

O segundo capítulo tratará da responsabilidade tributária com a estrita análise dos principais artigos a ela dedicados – artigos 128, 134 e 135 do Código Tributário Nacional – para que se possa compreender sua extensão, a natureza e as implicações decorrentes da imputação da responsabilidade àquelas pessoas indicadas, principalmente, pelo inciso III, do art. 135, do CTN, nas hipóteses decorrentes da cobrança dos créditos por meio do processo de Execução Fiscal.

Observa-se que a responsabilidade pela sistemática do CTN "estão a vincular várias pessoas, como pais, tutores e curadores, administradores, sócios, tabeliães, síndicos de massa falida e comissários, ao recolhimento de tributos, de forma genérica"[4], fato que torna insegura e bastante temerária a interpretação e atuação do Fisco.

---

4   BECHO, Renato Lopes, opus citatum., p. 148.

Em segundo plano, o objeto do estudo serão os atos capazes de desencadear responsabilidade pessoal do terceiro, o sócio, seja por conduta com excesso de mandato, seja por violação do contrato e da lei. Neste ponto do estudo, diante das premissas já apresentadas, serão observados, ainda, alguns entendimentos jurisprudenciais sobre o tema da responsabilidade concernente ao sócio.

Como uma consideração introdutória, e de acordo com o já afirmado, se percebe que a falta um entendimento unânime e a existência de grandes lacunas sobre a matéria vêm prejudicando o direito patrimonial de muitos contribuintes.

No terceiro capítulo a abordagem se prende aos preceitos trazidos pela com a Lei n.º6.830/80. Suas prerrogativas e peculiaridades, o modo genérico como trata a questão do sujeito passivo e o manejo da defesa do sócio, evidenciando o tratamento desigual dispensado ao Fisco.

O escopo do presente trabalho monográfico é obter, ao final, fundamentos necessários para se firmar um harmônico posicionamento e elaborar um panorama geral das situações em que o sócio responderá pela dívida contraída pela sociedade, estabelecendo e disciplinando os fundamentos e a trajetória obrigatória acerca da imposição de responsabilidade ao sócio pelo cumprimento das obrigações da pessoa jurídica.

O trabalho indicará a melhor solução para que o terceiro com poder de gerencia possa vir a ser obrigado a recolher tributo em casos que não fora indicado como sujeito passivo diretamente ligado ao tributo.

CONSIDERAÇÕES SOBRE A RESPONSABILIDADE

A RESPONSABILIDADE EM SENTIDO ESTRITO

A NOÇÃO DE RESPONSABILIDADE NÃO É precisa, podendo ser entendida sob diversos aspectos, tais como o aspecto moral, religioso, filosófico e jurídico. Para este trabalho nos interessa a responsabilidade jurídica e, mais especificamente, a responsabilidade jurídica tributária.

No âmbito jurídico geral a responsabilidade pode ser entendida como um dever de recompor um equilíbrio que foi abalado em razão de uma violação de direito relativo a outrem.

Assim, para haver uma responsabilidade, um responsável, necessário existir um dano, um descumprimento, por uma pessoa, de uma norma ou preceito legal preexistente. Não havendo dano, não há o que restituir e, consequentemente, não há responsabilidade.

Como o presente trabalho está direcionado ao Direito Tributário, será abordado um sentido mais estrito da palavra, o mesmo utilizado no discurso tributarista, onde a responsabilidade é a submissão, em virtude de disposição legal expressa, de determinada pessoa que não é o contribuinte, mas que "(...) compõe a relação tributária como uma figura tipicamente do Direito Civil, Comercial e Administrativo"[5], diante do interesse do credor em receber seus créditos, como se verá.

A respeito desta distinção, Hugo de Brito Machado[6] leciona:

> "Em sentido amplo, é a submissão de determinada pessoa, contribuinte ou não, ao direito do fisco de exigir a prestação da obrigação tributária. Essa responsabilidade vincula qualquer dos sujeitos passivos da relação obrigacional tributária. Em sentido estrito, é a submissão, em virtude de disposição legal expressa, de determinada pessoa que não é contribuinte, mas está vinculada ao fato gerador da obrigação tributária, ao direito do fisco de exigir a prestação respectiva".

Ainda segundo o mesmo autor[7], a palavra responsabilidade liga-se:

---

5   BECHO, Renato Lopes, opus citatum, p. 156.

6   MACHADO, Hugo de Brito. Curso de Direito Tributário. p. 116.

7   MACHADO, Hugo de Brito. opus citatum, p. 148.

"(...) à idéia de ter alguém de responder pelo descumprimento de um dever jurídico. Responsabilidade e dever jurídico não se confundem. A responsabilidade está sempre ligada ao descumprimento do dever, isto é, à não prestação. É a sujeição de alguém à sanção. Tal sujeição geralmente é de quem tem o dever jurídico, mas por ser atribuída a quem não tem."

O Código Tributário Nacional, quando trata do termo "responsabilidade", nem sempre privilegia a boa técnica e em diversas passagens utiliza o emprego do termo em sentido amplo e genérico. Malgrado esta deficiência do legislador – a análise da responsabilidade – faz-se necessária sua correta conceituação e determinação, no sentido de se atender impecavelmente à vontade da lei constitucional. Inicialmente adotar-se-á a mesma nomenclatura utilizada pelo Código Tributário nos artigos 121, 134 e 135, sem distinguir ou alterar seus conteúdos. Num momento posterior, ainda nesse capítulo, serão apontadas outras denominações para o termo. A doutrina pátria considera que a responsabilidade tratada por esses artigos decorre de uma obrigação não adimplida, conforme leciona Gustavo Saad Diniz[8]:

"(...) um vínculo obrigacional instituído entre o Estado (sujeito ativo) e o contribuinte (sujeito passivo), gerando, compulsoriamente, uma prestação (objeto), com os respectivos acessórios (obrigações acessórias). Não adimplida a obrigação, o sujeito passivo passa a ser responsável pelo cumprimento da prestação pecuniária compulsória".

---

8   DINIZ, Gustavo Saad. A Modificação do Sujeito Passivo com a Disciplina da Responsabilidade Tributária. Publicado na Revista de Estudos Tributários nº 17 –JAN-FEV/2001, p. 5.

Por enquanto, temos que responsabilidade é aquela resultante de uma exigência feita ao sujeito passivo que descumpre a obrigação tributária ocorrida e formalizada pelo lançamento. Esse aspecto é fundado principalmente na regra do art. 121 do Código Tributário Nacional, que estabelece:

> "Art. 121. Sujeito passivo da obrigação principal é a pessoa obrigada ao pagamento de tributo ou penalidade pecuniária. Parágrafo único. O sujeito passivo da obrigação principal diz-se:
> I – contribuinte, quando tenha relação pessoal e direta com a situação que constitua o respectivo fato gerador;
> II – responsável, quando, sem revestir a condição de contribuinte, sua obrigação, decorra de disposição expressa em lei."

Com esse enfoque, acompanhando a doutrina clássica, a interpretação do referido dispositivo demonstra que o responsável é a pessoa que, mesmo não se caracterizando como contribuinte, isto é, não tem relação pessoal e direta com a hipótese tributária, tem um vínculo com a obrigação decorrente de dispositivo expresso na lei. Ao comentar o art. 121, Walter Paldes Valério[9] esclarece que:

> "Mas, em certos casos, o Estado tem interesse em exigir o cumprimento da obrigação tributária de pessoa diferente daquela que seria normalmente o contribuinte, excluindo este ou atribuindo-lhe, em caráter supletivo, o cumprimento total ou parcial da obrigação".

---

9   VALÉRIO, Walter Paldes. Programa de Direito Tributário. p. 81.

Pois, "há casos em que a lei outorga ao Estado o direito de exigir de outra pessoa a satisfação da prestação jurídico-tributária somente depois de ocorrer o fato da não satisfação da prestação pelo respectivo contribuinte"[10]. Imputa, portanto, o dever a outrem.

Assim, é atribuída a obrigação de saldar o crédito tributário não só àquele diretamente ligado à relação jurídica tributária, ou seja, o contribuinte, mas também àquele que, por qualquer motivo, deva responder pela obrigação tributária, substituindo o contribuinte ou juntamente com este.

A lição de Aliomar Baleeiro[11] é nesse mesmo sentido:

> "Por razões de praticidade, comodidade na arrecadação, garantia do crédito e proteção contra a evasão, o legislador pode eleger pessoa diversa, o chamado responsável. Por isso mesmo, o artigo 128, garantindo a observância do princípio da capacidade econômica, determina que o responsável tributário seja vinculado indiretamente com o fato descrito na hipótese de incidência da norma básica. Isso significa que o fato gerador hipotético da norma secundária tem, ou deve ter conexão e relação de dependência, com o fato gerador hipotético da norma principal, básica ou matriz".

Luciano Amaro[12], em sua explanação sobre o tema, esclarece o seguinte:

> "A presença do responsável como devedor na obrigação tributária traduz uma modificação

---

10   BECKER, Alfredo Augusto. Teoria Geral do Direito Tributário. p. 560.
11   BALEEIRO, Aliomar. Direito Tributário Brasileiro. p. 737.
12   AMARO, Luciano. Direito Tributário Brasileiro. p. 293

subjetiva no pólo passivo da obrigação, na posição que, naturalmente, seria ocupada pela figura do contribuinte. Contribuinte é alguém que, naturalmente, seria o personagem a contracenar com o Fisco, se a lei não optasse por colocar outro figurante em seu lugar (ou ao seu lado), desde o momento da ocorrência do fato ou em razão de certos eventos futuros".

Aliomar Baleeiro[13] critica o emprego de uma expressão tão genérica – o responsável tributário – no artigo 128, uma vez que o CTN não distinguiu as modalidades diversificadas e possíveis de sujeição passiva – transferência, sucessão, substituição. Estabelece apenas princípios gerais a serem observados na eleição do responsável tributário (de qualquer espécie) e isso sim é de suma relevância. Da sistemática do Código, até esse ponto, em resumo, percebe-se que o responsável pode ser tanto o devedor solidário, o sucessor ou o obrigado a suprir o inadimplemento de um devedor.

O Código Tributário Nacional trata apenas dos princípios norteadores da responsabilidade, mas sem analisá-los, fato que impossibilita a correta aplicação do instituto, aplicando uma modalidade quando, na verdade, deveria ser outra. Prejudica-se, principalmente, o cidadão.

Os elementos revelados pelo Código implicam no reconhecimento de verdadeiras modalidades de responsabilidade, como: a) sucessória; b) solidária de terceiros; c) pessoal de terceiros; d) personalização da responsabilidade quando houver cometimento de infrações[14].

---

13   BALEEIRO, Aliomar. opus citatum, p. 739.

14   DINIZ, Gustavo Saad, opus citatum

Para empreender, então, um estudo mais lógico e mais sensato imperioso diferir a caracterização econômica e jurídica do sujeito passivo, visualizando sua extensão e obrigação, de modo que não sejam cometidos equívocos na aplicação da sua obrigação ou de sua responsabilidade.

Num ponto mais avançado, defender-se-á que o tratamento da responsabilidade no Direito Tributário tem como marco inicial o tratamento dispensado pelo Direito Civil e o seu diploma processual, implicando, como se verá, que o responsável nunca participará da relação tributária[15].

ASPECTOS DA OBRIGAÇÃO TRIBUTÁRIA

Ruy Barbosa Nogueira[16], ao estrear seu comentário acerca da obrigação tributária, afirma que obrigação "(...) é a relação jurídica pela qual uma pessoa (credora) tem o direito de exigir de outra (devedora) uma prestação".

Esta citação preambular implica que, de per si, existe o direito de exigir prestação de uma pessoa, caso constatada a ocorrência de alguns elementos, em relação à outra. Afirma-se, neste momento, que quem tem o direito de exigir é o sujeito ativo e, em contrapartida, quem tem a obrigação, seja tributária ou não, é o sujeito passivo.

---

15   SARTIN, Agostinho. Sujeição Passiva no ICMS, cit., p. 179. apud BECHO, Renato Lopes. Opus citatum, p.145.

16   NOGUEIRA, Ruy Barbosa. Curso de Direito Tributário. p.141.

No caso da obrigação tributária sua existência está vinculada estritamente a alguns elementos previamente definidos em Lei. Com isso, segundo Luciano Amaro[17], obrigação tributária "(...) pode ser definida como um vínculo, decorrente da norma jurídica, que o Direito Tributário faz nascer entre o particular e Estado com o cunho essencialmente econômico", cujo objeto sempre se apresenta através de uma prestação, ou seja, no dever de alguém, o sujeito passivo, e no direito do Estado, sujeito ativo.

Nas palavras do professor Silvio Venosa[18], define-se obrigação como: "uma relação jurídica transitória de cunho pecuniário, unindo duas (ou mais) pessoas, devendo uma (o devedor) realizar uma prestação à outra (o credor)". Como conseqüência direta do principio da legalidade, essa norma há de ser uma lei em sentido restrito, a qual institui um tributo, apontando a hipótese tributária e seus critérios, e a ocorrência do fato descrito na norma. Ensina Luciano Amaro[19] que:

> "Vale dizer, não se requer que o sujeito passivo queira obrigar-se; o vínculo obrigacional tributário abstrai a vontade e até o conhecimento do obrigado: ainda que o devedor ignore ter nascido à obrigação tributária, esta o vincula e o submete ao cumprimento da prestação que corresponde ao seu objeto".

Então, malgrado a doutrina divergente, a obrigação tributária surge com a ocorrência do fato descrito na lei para que sur-

---

17   AMARO, Luciano. Opus citatum, p. 237.

18   VENOSA, Silvio de Salvo. Direito Civil: Teoria Geral das Obrigçõs e Teoria Geral dos Contratos, v. 2, p. 25.

19   AMARO, Luciano. Opus citatum, p. 238.

ja o vinculo obrigacional, independente da manifestação de vontade daquele que realiza a hipótese. Realizado o fato, tal como previsto na hipótese tributária, a lei incide juridicizando-o, dando origem à relação jurídica tributária, ou seja, criando o vínculo entre o seu agente e o Estado que descreveu a conduta.

Assim, pode-se dizer que obrigação tributária nasce, não obstante a divergência doutrinária, da ocorrência ou realização da situação fática descrita na norma jurídica tributária, por meio de uma ação ou omissão e independentemente da vontade das partes. Somente depois dessa ocorrência a Fazenda Pública pode exigir do contribuinte uma prestação, representada pelo crédito tributário.

Salienta-se também que a obrigação tributária, ainda, pode ser principal e acessória. A primeira representa sempre uma prestação pecuniária devida pelo sujeito passivo. A segunda revela-se desprovida de cunho patrimonial, revendo-se uma verdadeira obrigação de fazer.

A obrigação tributária principal tem como objeto a prestação, a ação de dar, a qual, consiste numa obrigação de entregar um certo bem. Desta forma, entende-se que, objeto da obrigação tributária não é o bem, mas sim a ação de entregar este bem ao sujeito ativo. E é desta forma que relata Walter Paldes Valério[20]:

> "Quando a obrigação é de dar ou entregar, o seu objeto não é a coisa a ser entregue, porém a atividade que se impõe ao sujeito passivo de efetuar a entrega daquele bem. Isso significa dizer que o credor tem o direito a uma prestação, e esta consiste na ação de entregar, correlata do

---

20   VALÉRIO, Walter Paldes. Opus citatum, p. 96.

direito reconhecido ao sujeito ativo de exigir que o sujeito passivo efetue-lhe tal entrega".

Inobstante o exposto o Código Tributário Nacional, em seu art. 113, § 1º dispõe:

> "Art. 113 ...
> § 1º - A obrigação principal surge com a ocorrência do fato gerador, tem por objeto pagamento de tributo ou penalidade pecuniária e extingue-se com o crédito dela decorrente."

Já a obrigação tributária acessória pode ser positiva ou negativa, consistindo em prestações de fazer e não fazer. Estas ações são muito mais humanas do que a obrigação principal de dar, anteriormente exposta. Isso em razão de que seu objeto é comportamento humano de fazer ou deixar de fazer algo, já previamente exposto em lei.

A obrigação acessória, tal como a obrigação principal, está regulada pelo Código Tributário Nacional, e está exposta no § 2º do art. 113, dispondo:

> "Art. 113...
> § 2º - A obrigação acessória decorre da legislação tributária e tem por objeto as prestações, positivas ou negativas, nela previstas no interesse da arrecadação ou da fiscalização dos tributos".

Segundo o Código existem duas formas de obrigação acessória, uma positiva e outra negativa. Quando a obrigação é de fazer, está nítido o ato do devedor, a ação humana como seu objeto, consistente na realização de um trabalho, na emissão de uma declaração de vontade, etc., tudo envolvido na expressão genérica: prestação de um fato. A obrigação de dar ou fazer diz-se positiva.

Quando a obrigação é de não-fazer, o ato do devedor, a ação humana como seu objeto traduz-se na omissão ou abstenção por parte do sujeito passivo. A obrigação de não fazer diz-se negativa.

Como exemplos de obrigações tributárias acessórias positiva temos a emissão de Nota Fiscal; a escrituração de livros fiscais, entre outros. Já como exemplos de obrigações tributárias acessórias negativas temos as obrigações de não efetuar transporte de mercadorias sem os respectivos documentos fiscais hábeis; não emitir Notas Fiscais que não correspondam às reais saídas de mercadorias, etc. A respeito das duas formas de obrigações tributárias, Aliomar Baleeiro[21] tem a opinião que:

> "(...) segundo o art. 113 do CTN, a diferença entre a chamada obrigação principal e a chamada obrigação acessória reside no fato de que a primeira tem como objeto um dar dinheiro ao Estado, ou prestação patrimonial avaliável; a segunda tem como objeto um fazer ou não fazer alguma coisa, despida a prestação em si de estimabilidade patrimonial. É irrelevante, assim, como critério distintivo de uma e outra, a natureza do pressuposto fático que lhe dá origem, ato lícito ou ilícito, pois tanto o tributo propriamente dito e sus consectários (atualizações monetárias e juros), como as sanções pecuniárias (que decorrem de fatos ilícitos) são agrupados sob o título de obrigação principal. O caráter pecuniário da prestação, quer em relação ao tributo em si, quer em relação à sanção é o critério decisivo que estrema a obrigação principal da acessória".

---

21   BALEEIRO, Aliomar, opus citatum, p. 701.

A obrigação tributária, segundo Hugo de Brito Machado[22], "(...) é um primeiro momento na relação tributária. Seu conteúdo ainda não é determinado e o seu objeto passivo ainda não esta formalmente identificado". Em um segundo momento da relação tributária apura-se o crédito tributário, quantificando a respectiva prestação. Segundo o autor, temos:

> "Por isto mesmo a prestação respectiva ainda não é exigível. Já o crédito tributário é um segundo momento na relação de tributação. No dizer do CTN, ele decorre da obrigação principal e tem a mesma natureza desta (art. 139). Surge com o lançamento, que confere à relação tributária liquidez e certeza".[23]

Então, o dever do pagamento decorre da obrigação tributária, que tem origem com a ocorrência do fato jurídico tributário descrito pela norma, enquanto o crédito tributário, é dependente dela, apenas se formalizando com a prática do lançamento.

Demonstrando que o crédito tributário está vinculado a ocorrência a existência da obrigação tributária, bem como do lançamento para que alcance o status de exigível.

---

22 MACHADO, Hugo de Brito, opus citatum, p. 123.

23 MACHADO, Hugo de Brito, opus citatum, p. 123.

A SUJEIÇÃO
PASSIVA

A doutrina tradicional ao se debruçar acerca dos elementos da responsabilidade tributária costuma classificar, de acordo com o art. 121, do CTN, a sujeição passiva tributária em direta e indireta, aplicando aos contribuintes a primeira expressão e a segunda para os ditos substitutos e responsáveis.

Ao final deste item, como alhures alertado, será definido e conceituado o que este trabalho monográfico entende como contribuinte, o sujeito passivo, a responsabilidade tributária e o responsável. Utilizar-se-á, momentaneamente, a lição clássica e, ao final, serão elaborados os devidos comentários, defendendo desde já que nem sempre o sujeito passivo indireto representa àquele que em caráter subsidiário ou pessoal tenha a responsabilidade, o dever de cumprir a obrigação.

O sujeito passivo tributário, segundo a orientação clássica, é quem se obriga a submeter seu patrimônio em favor do Fisco, podendo ser 'pessoal' quando é de uma só pessoa, 'solidária' quando duas ou mais pessoas, simultaneamente, respondem pela totalidade da dívida – art. 124 do CTN – e 'subsidiária' quando a dívida só poder ser exigida de uma pessoa se a outra não pagar, havendo, pois, uma ordem a ser seguida[24].

Em outras palavras, e conforme previamente informado, o sujeito passivo da obrigação principal deve ser o devedor do tributo e sua respectiva penalidade pecuniária, segundo o art. 121, I, do CTN.

---

24 [OLIVEIRA, José Jayme de Macedo, opus citatum, p. 305.

A sistemática do Código, no artigo posterior, define o sujeito passivo da obrigação acessória, como sendo a pessoa obrigada às demais prestações (dar, fazer e não-fazer) componentes do objeto principal, a saber, o pagamento do tributo.

Resta perquirir, então, que tipo de sujeição pode ser imputada ao terceiro responsável. Luciano Amaro[25] acredita que "(...) a identificação do sujeito passivo da obrigação principal (gênero) depende apenas de verificar quem é a pessoa que, à vista da lei, tem o dever legal de efetuar o pagamento da obrigação, não importando indagar qual o tipo de relação que ela possui com o fato gerador".

Além dessa conceituação é relevante observar que ainda se diz que o sujeito passivo da obrigação principal se subdivide em dois comportamentos, o primeiro imputado ao sujeito passivo direto e o segundo ao sujeito passivo indireto, conforme o art. 121, parágrafo único:

> "...
>
> a. contribuinte: quando tenha relação pessoal e direta com a situação que constitua o respectivo fato gerador.[26] Se não cumpre a obrigação tributária, o contribuinte é o próprio responsabilizado pela conduta antijurídica que gerou a sanção pelo inadimplemento; e,
>
> b. responsável: sem se revestir necessariamente na condição de contribuinte, decorrendo de disposição expressa de lei".

---

25 AMARO, Luciano, opus citatum, p.280.

26 BORGES, Arnaldo. O Sujeito Passivo da Obrigação Tributária. p. 58.

Sobre essa subdivisão, o comportamento imputado ao responsável do art. 121, II, segundo Luciano Amaro[27], configura-se como uma "modificação subjetiva no polo passivo da obrigação".

Diga-se, desde já, que o responsável não é titular da obrigação, mas a ele pode ser imponível a respectiva sanção. Esta diferenciação será imprescindível para se enfrentar o próximo item, o qual trata da responsabilidade tributária conferida ao sócio. Rubens Gomes de Sousa[28] foi quem diretamente atentou para efeitos patrimoniais da sujeição passiva, classificando-a como direta e indireta.

Segundo sua classificação, duas são as modalidades de sujeição passiva indireta: por transferência e por substituição[29]. Por transferência pura e simples, três condutas são praticadas pelo sujeito passivo direto: solidariedade, sucessão e responsabilidade, valendo, apesar de longas, transcrever as palavras do autor:

> A. Transferência: ocorre quando a obrigação tributária, depois de ter surgido contra uma pessoa determinada, entretanto, em virtude de um fato posterior, transfere-se para outra pessoa diferente. As hipóteses de trans-

---

27 AMARO, Luciano, opus citatum, p. 285.

28 SOUZA, Rubens Gomes de. Compendio de Legislação Tributária. p. 92, apud DINIZ, Gustavo Saad, opus citatum.

29 Luciano Amaro diferencia transferência e substituição nos seguintes termos: "A diferença entre ambas estaria em que, na substituição, a lei desde logo põe o 'terceiro' no lugar da pessoa que naturalmente seria definível como contribuinte, ou seja, a obrigação tributária já nasce com seu pólo passivo ocupado por um substituto legal tributário. Diversamente, na transferência, a obrigação de um devedor (que pode ser um contribuinte ou um responsável) é deslocada para outra pessoa, em razão de algum evento." (AMARO, Luciano. Op. cit., p. 289)

ferência, como dissemos, são três, a saber:

a. solidariedade: é a hipótese em que duas ou mais pessoas sejam simultaneamente obrigadas pela mesma obrigação. No caso de condomínio (imóvel com mais de um proprietário), o Município pode cobrar o imposto predial de qualquer dos proprietários, à sua escolha (...);

b. sucessão: é a hipótese em que a obrigação se transfere para outro devedor em virtude do desaparecimento do devedor original; esse desaparecimento pode ser por morte do primeiro devedor (a obrigação se transfere aos herdeiros) ou por venda do imóvel ou estabelecimento tributado (a obrigação se transfere ao comprador);

c. responsabilidade: é a hipótese em que a lei tributária responsabiliza outra pessoa pelo pagamento do tributo, quando não seja pago pelo sujeito passivo direto. No imposto Sisa (transmissão de propriedade inter vivos), o tabelião é responsável pelo imposto se não providenciar a sua cobrança no ato de passar a escritura.

B. Substituição: ocorre quando, em virtude de uma disposição expressa de lei, a obrigação tributária surge desde logo contra uma pessoa diferente daquela que esteja em relação econômica com o ato, fato ou negócio tributado: nesse caso, é a própria lei que substitui o sujeito passivo direto por outro indireto (...).[30] Essa transcrição é de suma importância para a perfeita análise do art. 128 do CTN, in verbis:

---

30 SOUSA, Rubens Gomes de, opus citatum, apud BECHO, Renato Lopes, opus citatum, p.139.

"Sem prejuízo do disposto neste Capítulo, a lei pode atribuir de modo expresso a responsabilidade pelo crédito tributário a terceira pessoa, vinculada ao fato gerador da respectiva obrigação, excluindo a responsabilidade do contribuinte ou atribuindo-a a este em caráter supletivo do cumprimento total ou parcial da referida obrigação". Assim, o sujeito passivo indireto da obrigação principal "(...) é considerado responsável pelo pagamento do tributo, por conta de situações fáticas-econômicas de transferência (solidariedade, sucessão e responsabilidade) e substituição, todas contempladas em lei específica"[31].

Imperioso, já nesse ponto, ressaltar que a imputação da responsabilidade ao terceiro, ao sócio, decorre do vínculo jurídico ou econômico com o sujeito passivo direto, bem assim como instrumento de potencialização do pagamento[32]. Conforme ensina Aliomar Baleeiro[33], o responsável tributário é chamado "(...) por razões de praticidade, comodidade na arrecadação, garantia do crédito e proteção contra a evasão".

Em momento algum, ele realiza qualquer conduta do critério material do tributo imposto à pessoa jurídica, lembrando

---

31   DINIZ, Gustavo Saad, opus citatum.

32   Sacha Calmon Navarro CoÃªlho cita o catedrÃ¡tico Ruy Barbosa Nogueira para justificar a vinculação econômica: "Se pensarmos no aspecto econômico da tributação, é fácil compreendermos a razão ou necessidade desta vinculação do contribuinte ou responsável ao fato econômico tributado, não só porque a vantagem ou resultado dele decorrente é que vai possibilitar o pagamento do tributo ao Fisco, mais porque assim a lei atenderá ao princípio fundamental de justiça tributária, segundo o qual se deve atingir a capacidade econômica do contribuinte – capacidade contributiva". (Ruy Barbosa Nogueira apud Sacha Calmon Navarro Coelho. Opus citatum, p. 603).

33   BALEEIRO, Aliomar, opus citatum, p. 737.

que a obrigação desta última tem como fonte primordial a relação jurídica tributária normal, qual seja a ocorrência do fato jurídico do tributo – a norma básica –, subsumido por uma hipótese de incidência.

Na hipótese de incidência, contempla-se (além dos aspectos material, espacial, temporal) o conseqüente de determinação do sujeito passivo do tributo. Caso ocorra a hipótese de incidência da regra de responsabilidade, em virtude de um fato previsto em lei, por conta da substituição, o sujeito passivo direto (a pessoa jurídica) fica desobrigado, total ou parcialmente, do pagamento do tributo, passando a obrigação tributária e responsabilidade de pagamento para o sócio, conforme previsto em lei. Aliomar Baleeiro[34] ensina que:

> "Como o responsável tributário não realiza o fato descrito na hipótese da norma básica (mas é participe apenas do fato descrito na hipótese da norma secundária), a norma secundária tem como conseqüência remeter à conseqüência da norma básica, para introduzir o dever do responsável tributário, sem, entretanto, modificar ou alterar os demais elementos, critérios ou aspectos da norma básica, que modelam a obrigação. Sendo assim, os deveres do contribuinte e do responsável serão informados segundo os critérios e aspectos da norma básica. O regime jurídico é o regime jurídico do contribuinte de modo que a imunidade e a isenção; a incidência; os critérios de quantificação do dever – base de cálculo e alíquotas –; as causas extintivas ou excludentes do crédito e os benefícios fiscais em geral são os definidos de acordo com o regime jurídico do contribuinte".

---

34 [34]   BALEEIRO, Aliomar, opus citatum, p. 739.

Devidamente demonstrado o posicionamento da doutrina cabe, agora, o desenvolvimento e a demonstração do quem seria o sujeito passivo e o responsável. A regra de responsabilidade, consagrada pelo CTN, é norma estrutural, que faz alterar o conseqüente de sujeição passiva da hipótese de incidência do tributo. O comum na sujeição passiva indireta é que a obrigação primeiro se fixe em relação ao sujeito passivo direto (contribuinte ou destinatário legal do tributo), sendo por disposição legal transferida ao sujeito passivo indireto, ao sócio, desde que ocorrendo o fator de sub-rogação.

Então, a identificação do sujeito passivo da obrigação tributária nos remete à própria Constituição Federal, uma vez que ela discrimina o destinatário legal do tributo. O sujeito passivo indireto, para esta monografia, não compõe o sistema constitucional ou o tributário, mas uma regra de Direito Processual

NOMENCLATURAS UTILIZADAS PELA TESE

Como elucidado no introito do trabalho, o Código Tributário Nacional não se preocupa em delimitar e definir o instituto da responsabilidade, empregando em várias passagens o termo "responsável" de forma ampla e genérica. Na jurisprudência, em especial, também há evidências que o termo enfocado não confere com o conteúdo do instituto.

Além disso, a tese por vez defendida tem como designo demonstrar a indevida aplicação de um instituto de origem não--tributária. Para tanto há necessidade de identificar não apenas o conteúdo, mas também o rótulo, o termo "responsabilidade". Por tais razões adotar-se-á, enfim, nesta monografia nomenclaturas diversas daquelas utilizada pela doutrina clássica, mas com o mesmo conteúdo substancial.

Para o estudo do tema serão utilizadas as seguintes denominações:

a. no caso do inciso I do art. 121: A linha de pensamento do trabalho entende que sujeito passivo indicado como sujeito passivo direto pela doutrina clássica é colhido na própria Constituição Federal, é o cumpridor do verbo descrito no critério material da hipótese de incidência dos tributos, denominar-se-á de "sujeito passivo constitucional". Na hipótese do inciso II do referido Código, que a doutrina denomina de sujeito passivo indireto, adotar-se-á a denominação de "sujeito passivo legal", o qual se subdivide em "substituto" e "responsável".

Sujeito passivo legal porque representa figuras administrativas, comerciais ou civis, com repercussões processuais, e por sua identificação não estar no sistema constitucional tributário, mas na legislação infraconstitucional, em regras de direito formal.

Quanto ao classificado como "substituto" não será objeto de estudo desta monografia, mas se pode afirmar que aqui há a retirada do sujeito passivo da relação colocando outro em seu lugar, ocorrendo apenas para fins de cobrança do tributo, administrativamente ou judicialmente. Ocorre, neste caso, apenas nas hipóteses de substituição por fato futuro ou diferimento.

    b. para a hipótese do art. 134: este artigo trata do sujeito passivo legal, mais precisamente do responsável. O artigo traz técnicas de representação, e não propriamente de responsabilidade, pois o artigo legitima o chamamento daquelas pessoas quando não houver possibilidade jurídica da cobrança, separando a relação de crédito da relação de garantia/responsabilidade. Neste caso utilizar-se-á "representante";

    c. nos casos do art. 135: existe a exclusão do sujeito passivo constitucional da lide, como resultado da responsabilidade pessoal do terceiro, assumindo, por conta da realização de determinadas condutas, pessoalmente e integralmente o dever da obrigação. Aqui denominar-se-á de "responsável pessoal";

Com isso, tem-se a seguinte esquematização:

Realizadas essas conceituações passemos, já aplicando a conceituação indicada pela monografia para o estudo do objeto central do presente trabalho, a responsabilidade tributária, a qual, contempla o responsável, o representante e o responsável pessoal.

A RESPONSABILIDADE TRIBUTÁRIA DO SÓCIO

Conforme alertado na parte introdutória do estudo existe a necessidade de corrigir algumas distorções verificadas quando se aplica na prática o instituto. Corriqueiramente acontece do Fisco, inicialmente, propor a execução fiscal contra a pessoa jurídica e o seu respectivo sócio ou, ainda, não sendo citado o sujeito passivo constitucional (a pessoa jurídica), requerer a citação do seu sócio sem qualquer fundamento referente ao dever do responsável pessoal. Comprovar-se-á esta assertiva, também, com a transcrição de alguns acórdãos expedidos pelo Superior Tribunal de Justiça.

Com o designo de fundamentar o motivo dessas distorções, e com o aprofundamento da celeuma, necessariamente, deve-se verificar o estudo acerca da profundidade dos dois principais dispositivos do CTN que tratam da responsabilidade tributária, ou seja, das obrigações dos representantes e dos responsáveis pessoais, com o fim de apurar de qual a verdadeira extensão da respectiva obrigação imposta por cada um.

Todavia, como já indicado, seja qual for a imputação feita ao sócio, necessária será sua correta identificação. Não basta o decurso do prazo estabelecido pelo art. 201 do CTN. Esclarece Renato Lopes Becho[35] que:

> "(...) identificamos variações entre os dois textos (artigos 134 e 135), já que não é razoável imaginarmos que o legislador simplesmente laborou em duplicidade. A análise cuidadosa do caput dos artigos dirime qualquer aparente duplicidade entre eles".

É certo que o Fisco pode executar objetivamente a obrigação tributária apenas verificando o não-recolhimento do tributo. Contudo, quanto ao responsável pessoal, faz-se necessário ao credor munir-se de prova inequívoca da responsabilidade, pois a responsabilidade tributária não tem como regra a objetividade. O Código, segundo Aliomar Baleeiro[36]:

> "(...) torna responsáveis solidariamente com o contribuinte várias categorias de pessoas, que, por diferentes razões de Direito, o representam

---

35 BECHO, Renato Lopes, opus citatum, p. 174.

36 BALEEIRO, Aliomar, opus citatum, p. 752.

ou praticam atos jurídicos em nome e por conta dele, como seus instrumentos técnicos e jurídicos de manifestação de vontade: os pais, tutores e curadores, os administradores de bens de terceiros, o inventariante, o síndico da falência ou o comissário da concordata, os tabeliães, escrivães e serventuários (somente quanto aos tributos pelos atos praticados por eles ou perante eles, em razão do ofício), os sócios, no caso de liquidação de sociedade de pessoas."

Com esse enfoque, verificamos que o artigo 134 dispõe, o seguinte:

"Art. 134. No caso de impossibilidade de exigência do cumprimento da obrigação principal pelo contribuinte, respondem solidariamente com este nos atos em que intervierem ou pelas omissões de que forem responsáveis:
...
VII – os sócios, no caso de liquidação de sociedade de pessoas." Pela simples leitura do inserto no dispositivo legal, constata-se a incidência de uma obrigação solidária, no caso restrito da impossibilidade por parte do sujeito passivo constitucional. O dispositivo é semelhante ao do art. 350 do Código Comercial, no qual reza que "os bens dos sócios não podem ser executados por dívidas da sociedade, senão depois de executados todos os bens sociais".

Aliomar Baleeiro[37] ao comentar este dispositivo, afirma que o só existe obrigação dos representantes, nas hipóteses do artigo 134, se:

---

37   Idem, opus citatum, p. 733.

"(...) há impossibilidade de exigência do cumprimento da obrigação principal por parte do contribuinte, se tais pessoas responsabilizadas intervierem nos atos tributados ou cometeram omissões de deveres que incumbiam, segundo a lei fiscal." Sacha Calmon Navarro Coelho[38] comenta o artigo, afirmando categoricamente que as pessoas que nele figuram recolherão o tributo "somente na hipótese de os contribuintes naturais, ou seja, os representados, não serem capazes de responder pelos débitos tributário".

Assim, o dispositivo pressupõe duas condições: a impossibilidade, naturalmente econômica ou jurídica, da pessoa jurídica satisfazer seu débito, e a participação do terceiro, pai, tutor, sócio etc., nos atos tributados ou nas omissões verificadas. Há de existir essa relação de causa e efeito, um interesse comum da pessoa jurídica e do terceiro na realização do fato gerador.

O objetivo do legislador foi claro. Esta responsabilidade, atribuída ao representante, somente se estabelece nos casos de impossibilidade de exigência do cumprimento da obrigação principal por parte do sujeito passivo constitucional, se tais pessoas intervieram nos atos tributados ou cometeram omissões de deveres que lhes incumbiam, segundo a lei fiscal.

O dispositivo repousa na presunção de que as pessoas nele indicadas empregarão máximo de sua diligencia para uma atitude leal em relação ao Fisco nas declarações, informações, pagamento de tributos etc.

Aliomar Baleeiro[39] salienta que:

---

38   COELHO, Sacha Calmon, opus citatum, p. 317.
39   BALEEIRO, Aliomar, opus citatum, p. 750.

"Merece destaque o fato de que o artigo 134 cria para o terceiro, que tem deveres de representação, administração e fiscalização, espécie de sanção por ato ilícito, responsabilizando-o solidariamente pelo pagamento do tributo devido pelo contribuinte. O artigo 134 supõe apenas a culpa do responsável, ainda que levíssima, e a negligencia no perfeito cumprimento de tais deveres, em relação aos atos em que intervier ou às omissões cometidas. Ocorrendo dolo, o responsável passa a responder pessoal e diretamente pelas dívidas contraídas em nome do contribuinte, conforme dispõe em seguida o artigo 135".

No entanto, o objetivo do disposto no artigo posterior, o artigo 135, não é tão nítido e provoca grandes danos aos sócios eventualmente identificados, principalmente se os sujeitos passivos constitucionais no processo de execução fiscal não são localizados. Vejamos.

O artigo 135 releva que se constatada a prática de um ato não autorizado pelo sócio ficará atribuída sua responsabilidade pessoal, conforme a interpretação do artigo abaixo transcrito:

"Art. 135. São pessoalmente responsáveis pelos créditos correspondentes a obrigações tributárias resultantes de atos praticados com excesso de poderes ou infrações de lei, contrato social ou estatutos:
I – as pessoas referidas no artigo anterior;
II – os mandatários, prepostos e empregador;
III – os diretores, gerentes ou representantes de pessoas jurídicas de direito privado."

Esse caso, diferentemente do anterior, não é de solidariedade, mas de uma obrigação exclusiva e pessoal. Enquanto no art. 134 o representante e o sujeito passivo constitucional respondem lado à lado, aqui, apenas o responsável pessoal responde. Em outras palavras, as pessoas indicadas no artigo 135 são respondem como se fossem os realizadores da obrigação tributária principal.

A justificativa para liberação do sujeito passivo constitucional, que passa a não integrar o pólo passivo da lide, nas hipóteses do artigo 135, está no fato de que os créditos ali mencionados correspondem a "obrigações resultantes de atos praticados com excesso de poderes ou infração de lei, contrato ou estatuto".

Pode-se vislumbrar que o responsável pessoal age com dolo, contrariando a lei, o mandato, o contrato social ou estatuto, dos quais decorrem os seus deveres, em relação ao contribuinte, de representação e administração, respondendo como o único responsável pelos tributos decorrentes daquela obrigação.

É que o mandatário e o administrador com poderes de decisão – inclusive aqueles arrolados no artigo 134 – e podem abusar dos poderes que têm, em detrimento dos interesses das pessoas jurídicas e este são os atos punidos pelo legislador. O artigo 134 estabelece o caráter preferencial em relação à pessoa jurídica e, enquanto ao sócio, o caráter subsidiário, bastando para isso o descumprimento do dever de infringência de tais deveres de fiscalização, de representação e de boa administração, que devem ser exercidos com diligencia e zelo.

A perfeita interpretação e aplicação, segundo Aliomar Baleeiro[40], pressupõe:

---

40   BALEEIRO, Aliomar, opus citatum, p. 753.

1. "a prática de ato ilícito, dolosamente, pelas pessoas mencionadas no dispositivo;
2. ato ilícito, como infração de lei, contrato social ou estatuto, normas que regem as relações entre os contribuintes e terceiro-responsável, externamente à norma tributária básica ou matriz, da qual se origina o tributo;
3. a atuação tanto da norma básica (que disciplina a obrigação tributária em sentido restrito) quanto da norma secundária (constante do artigo 135 e que determina a responsabilidade de terceiro, pela prática do ilícito)."

Sacha Calmon Coelho[41] com enfoque no mesmo artigo entende que:

"O artigo 135 retira a solidariedade do artigo 134. Aqui a responsabilidade se transfere inteiramente para terceiros, liberando os seus dependentes e répresentados. A responsabilidade passa a ser pessoal, plena e exclusiva desses terceiros. Isto ocorrerá quando eles procederem com manifesta malícia (mala fides) contra aqueles que representam, toda vez que for constatada a prática de ato ou fato eivado de excesso de poderes ou com infração de lei, contrato social ou estatuto".

O artigo 135 do CTN contém norma de exceção, uma vez que a regra é a obrigação daquele que praticou a obrigação tributária.

---

41   COELHO, Sacha Calmon Navarro. Comentários ao Código Tributário Nacional. p. 578.

Excepcionalmente, quando sócios ou dirigentes agirem com excesso de poderes ou infração de lei, há responsabilidade pessoal destes, até porque, nesses casos, o ato reputa-se praticado pelas pessoas físicas, e não pela pessoa jurídica.[42]

Neste sentido ensina o doutrinador Luciano Amaro[43] ao observar os dois dispositivos:

> "Em confronto com o artigo anterior, verifica--se que esse dispositivo exclui do pólo passivo da obrigação a figura do contribuinte (que, em princípio, seria a pessoa em cujo nome e por cuja conta estaria agindo o terceiro), ao dispor no sentido que o executor do ato responda pessoalmente. A responsabilidade pessoal deve ter aí o sentido (que já se adivinha no art. 131) de que ela não é compartilhada com o devedor "original" ou "natural"."

A "impossibilidade de exigência do cumprimento da obrigação principal pelo contribuinte" (art. 134) e a prática de atos "com excesso de poderes ou infração de lei, contrato social ou estatutos" (art. 135) são institutos diferentes que resultam em solidariedade no primeiro caso, e na responsabilidade pessoal no segundo.

Para as hipóteses do art. 135, toda imputação de responsabilidade de terceiro, denominada de responsabilidade pessoal, carece de uma apuração prévia com um rigoroso e complexo procedimento de apuração da responsabilidade, como demonstraremos no tópico seguinte. Não basta a mera identificação do

---

42   MACHADO, Hugo de Brito. A Execução Fiscal e a Responsabilidade de Sócios e Dirigentes de Pessoas Jurídicas, Publicado na Revista de Estudos Tributários nº 23 – JAN-FEV/2002, p. 124.

43   AMARO, Luciano, opus citatum, p. 295.

responsável legal na Certidão de Dívida Ativa logo após o transcurso do prazo para pagamento, conforme o artigo 201, do CTN.

Adverte Bernardo Ribeiro de Moraes[44]:

> "Em todos os casos citados (do art. 134), quem responderá pelo crédito tributário será sempre o devedor originário (sujeito passivo da obrigação tributária). No caso de terceiro, arrolado na lei (como o sócio) intervir em determinado ato ou se omitir no que for responsável, esse terceiro também responderá pelo crédito tributário, embora solidariamente e apenas nos casos de impossibilidade de exigência do cumprimento da obrigação principal pelo contribuinte.

> Quanto ao art. 135 do CTN, seu preceito cuida dos terceiros que incidem na responsabilidade tributária pessoal em virtude de ato praticado com excesso de poderes ou infração de lei, contrato social ou estatutos. Entram em sua área de incidência, portanto, "as obrigações tributárias resultantes" - segundo o texto legal - "de atos praticados com excesso de poderes ou infração de lei, contrato social ou estatutos" (caput) pelos "diretores, gerentes ou representantes de pessoas jurídicas de direito privado".

É esclarecedora a lição de Aliomar Baleeiro[45]:

> "Como se vê, a responsabilidade dos terceiros, arrolados no artigo 134, depende da ocorrência de fato ilícito, posto em norma secundária: ter havido, em ação ou omissão, descumprimento de dever legalmente previsto ou contratualmente nascido, de providenciar o recolhimento do

---

44   MORAES, Bernardo Ribeiro de. Compêndio de Direito Tributário, p. 520.

45   BALEEIRO, Aliomar, opus citatum, p. 755.

tributo devido pelo contribuinte ou de fiscalizar o seu pagamento.

Basta a culpa, ainda que levíssima, para que se configure a responsabilidade do responsável com as seguintes características:

1. será subsidiária em relação à responsabilidade do contribuinte, ou seja, apenas concretizável na hipótese de inexistência de bens no patrimônio do contribuinte ou de sua insuficiência;

2. será solidária em relação aos responsáveis entre si, existindo mais de um deles, no pólo passivo da obrigação, como entre os sócios nas sociedades de pessoas;

3. estende-se, em matéria de penalidades, apenas às multas moratórias, exceção oriunda do fato de que o atraso no pagamento decorre de ato imputável ao próprio responsável obrigado ao cumprimento tempestivo dos deveres de administração ou fiscalização."

Em coerência com o que foi exposto até aqui, resta firmar que este trabalho adota entendimento que Ãqueles apontados como responsáveis tributários, os sócios, não são, na verdade, figuras típicas do Direito Tributário.

O sócio, apresentado como tal "(...) é um garantidor fiduciário do crédito tributário"[46], pois não participa da obrigação tributária competente para dar origem a subsunção. Em outras palavras, o sócio, em momento algum, realiza qualquer critério material de incidência do tributo devido originalmente pela pessoa jurídica. Temos, assim, nos filiado à doutrina Paulo de Barros Carvalho e Renato Lopes Becho, para quem os responsáveis

---

46   BECHO, Renato Lopes, opus citatum, p. 152.

indicados pelos artigos 134 a 138 são de natureza tipicamente processual, por ser de relevo à garantia da pretensão creditícia do Fisco. Um exemplo elucidativo desse posicionamento é trazido por Renato Lopes Becho[47], vejamos:

> "Fora da seara tributária, essa separação jurídica é extremamente comum. Daquele que se dirige a uma instituição financeira e solicita um empréstimo, ser-lhe-á exigido, em regra, um fiador, ou avalista. O mesmo ocorre em um contrato de locação. O devedor e o locador possuem os débitos, e também possuem a responsabilidade. Mas o fiador e o avalista só possuem a responsabilidade, não possuem o crédito".

Com isso temos que a responsabilidade tributária não é um instituto de raízes tributárias, mas, por conta de fatos externos à obrigação tributária, decorrentes de relações jurídicas entre credores e devedores. Com isso, na dívida tributária – que surge após o nascimento do crédito tributário – o Estado não solicita ao sujeito passivo a indicação de fiadores ou avalistas, mas a própria lei os indica[48].

No campo processual facilmente se verifica que a própria obrigação é dividida em dois elementos distintos: a dívida, de caráter pessoal; e a responsabilidade, que é a sujeição do patrimônio a sofrer a sanção civil.[49]

O credor tem direito ao cumprimento da obrigação ou, caso contrário, a execução forçada da garantia. Contudo, a veri-

---

47   Ibidem, p. 156.

48   BECHO, Renato Lopes, opus citatum, p. 156.

49   THEODORO JR., Humberto. Curso de Direito Processual Civil. p. 439, apud BECHO, Renato Lopes, opus citatum, p. 158-159.

ficação da responsabilidade no campo tributário, nas hipóteses tratadas no próximo capítulo, especialmente na LEF, deve exigir um rigoroso procedimento de apuração. Ou seja, o devedor (a pessoa jurídica) deve se submeter à execução depois de verificado o não-pagamento do tributo.

Mas para o responsável tributário, a Fazenda Pública "(...) deverá contar com título hábil, que comprove sua responsabilidade – pois sabemos que tal responsabilidade nem sempre é objetiva"[50], sob pena de flagrante ilegalidade, uma vez que o próprio legislador tributário estabeleceu a necessidade da apuração da responsabilidade do ato ilícito por parte do sócio. Este é o fiel objetivo da lei.

Cabe ressaltar, além disso, que para que seja aplicado o princípio da responsabilidade pessoal, mister se faz a comprovação da conduta dolosa de extrapolação de poderes conferidos ou, então, de conduta fraudulenta.

Antes de se verificar a questão processual da responsabilidade tributária é necessário observamos os acontecimentos descritos no caput do artigo 135, tidos como bastantes para legitimar a aplicação do instituto da responsabilidade pessoal.

Esses acontecimentos, ao contrário daqueles dispostos do artigo 134, tornam o sócio – detentor dos poderes de administração, mandado ou gerencia – o único responsável pelo pagamento do crédito tributário, uma vez que se pode entender que a pessoa jurídica – quem realizou a conduta típica – não pagará aquela dívida com seu patrimônio pessoal.

---

50   BECHO, Renato Lopes, opus citatum, p. 162.

A interpretação do artigo 135, no que trata de excesso de poderes, infração de lei, contrato social ou estatuto tem sido a maior fonte de divergência doutrina e nos tribunais. Por isso teceremos nosso entendimento num tópico à parte, analisando os atos geradores da responsabilidade pessoal do sócio.

ATOS GERADORES DA RESPONSABILIDADE PESSOAL

Os casos de imputação de responsabilidade pessoal ao sócio são exceção, devendo ser aplicada somente quando se pratica atos contrários aos seus deveres na função ou contrários à lei ou contrato social e que não foram autorizados ou ratificados pelos demais sócios.

Temos que ter em vista que não existe o fenômeno da responsabilidade pessoal, caso em que o Estado poderia, simultaneamente, escolher entre dois indivíduos, de quem se exigirá a satisfação da prestação jurídico-tributária[51].

Ou seja, como já foi afirmado, sempre que houver solidariedade ou subsidiariedade jurídico-tributária, inexiste responsabilidade exclusiva do sócio[52].

A responsabilidade pessoal perante o Fisco configura-se apenas como uma responsabilidade individual, total e exclusiva do mesmo, por conta da relação processual existente. Vale salien-

---

51   BECHO, Renato Lopes, opus citatum, p. 162.

52   A. Berliri. Principi di Diritto TributÁ¡rio, Milano, 1957, vol. II, tomo I, pp. 158-159 apud BECKER, Alfredo Augusto, opus citatum, p. 558.

tar, como já visto, que de acordo com Paulo de Barros Carvalho, com o qual concordamos, o responsável tributário é garantidor do crédito tributário, não integrando a relação jurídica relativa a sujeição, a qual ocorre após a realização da regra-matriz prevista.

Em se tratando da hipótese deste trabalho, a responsabilidade exclusiva do sócio na LEF, forçoso constatar que sua inclusão no pólo passivo da execução, o redirecionamento como defendido pelo Fisco, com espeque na responsabilidade de que trata o artigo 135, III, do Código Tributário Nacional, necessita da estrita observância de dois requisitos:

I. que demonstre que o sócio exerceu a gerencia na época da ocorrência do fato jurídico tributário da obrigação tributária;

II. que a obrigação decorra de atos praticados com excesso de poderes ou infração de lei, contrato social ou estatutos.

O que chama atenção no tema, conforme salientamos no intróito da monografia, são os variados entendimentos do STJ acerca da responsabilidade tributária. Por reiteradas oportunidades o Tribunal se manifesta em desrespeito à lei, provocando grandes prejuízos aos sócios. Vejamos alguns desses entendimentos:

> "O dirigente de sociedade anônima é sujeito passivo da obrigação tributária por substituição, podendo ser citado e ter os seus bens penhorados, sem necessidade de prévia apuração dos atos a que alude o art. 135, caput, do CTN."[53] "As pessoas referidas no inciso III do artigo 135 do CTN são sujeitos passivos da obrigação tributá-

---

53   BRASIL. Superior Tribunal de Justiça. RESP 13.108-0/PE. 2ª T. Rel. Min. Antonio de Pádua Ribeiro. DJU 29.05.95.

ria, na qualidade de responsáveis por substituição, e, assim sendo, aplica-se-lhes o disposto no artigo 568 do CPC, apesar de seus nomes não constarem do título extrajudicial. Assim, podem ser citadas – e ter seus bens penhorados –independentemente de processo judicial prévio para verificação da ocorrência inequívoca das circunstâncias de fato aludidas no artigo 135, caput, do CTN, matéria, essa, que, no entanto, poderá ser discutida amplamente em embargos do executado."[54]

Em contrapartida, no mesmo Tribunal verificamos entendimentos, os quais abaixo transcrevemos, em que se reconhece as peculiaridades do instituto:

" Pacificou-se no e. STJ a tese de que a responsabilidade do sócio não é objetiva. Para que surja a responsabilidade pessoal, disciplinada no art. 135 do CTN, é necessário que haja comprovação de que ele, o sócio, agiu com excesso de mandato, ou infringiu a lei, o contrato social ou o estatuto. Não havendo tal comprovação, não há como a execução fiscal ser redirecionada para ele. Em princípio o sócio que recolhe os bônus lucrativos da sociedade mas não verifica o adimplemento dos tributos, locupleta-se e a fortiori comete o ilícito que faz surgir a sua responsabilidade. Ressalva do voto com submissão à jurisprudência dominante, à luz da função precípua do e. STJ. Precedentes. Recurso"[55].

"Não se pode confundir a relação processual com a relação de direito material objeto da ação executiva. Os requisitos para instalar a relação processual executiva são os previstos

---

54   BRASIL. Superior Tribunal de Justiça. RESP 113.853-0/RJ. 2ª T. Rel. Min. Célio Borja. RT 626/248.

55   BRASIL. Superior Tribunal de Justiça. RESP 332.082/RJ. 1ª T. Rel. Min. Luiz Fux. DJU 25.03.2002.

na lei processual, a saber, o inadimplemento e o título executivo (CPC, artigos 580 e 583). Os pressupostos para configuração da responsabilidade tributária são os estabelecidos pelo direito material, nomeadamente pelo art. 135 do CTN. A indicação, na Certidão de Dívida Ativa, do nome do responsável ou do co-responsável (Lei 6.830/80, art. 2º, § 5º, I; CTN, art. 202, I), confere ao indicado a condição de legitimado passivo para a relação processual executiva (CPC, art. 568, I), mas não confirma, a não ser por presunção relativa (CTN, art. 204), a existência da responsabilidade tributária, matéria que, se for o caso, será decidida pelas vias cognitivas próprias, especialmente a dos embargos à execução. É diferente a situação quando o nome do responsável tributário não figura na certidão de dívida ativa. Nesses casos, embora configurada a legitimidade passiva (CPC, art. 568, V), caberá à Fazenda exeqüente, ao promover a ação ou ao requerer o seu redirecionamento, indicar a causa do pedido, que há de ser uma das situações, previstas no direito material, como configuradoras da responsabilidade subsidiária. No caso, havendo indicação do codevedor no título executivo (Certidão de Dívida Ativa), é viável, contra ele, o pedido de redirecionamento da execução."[56]

Outrossim, para verificação da responsabilidade pessoal torna-se necessária apuração dos atos regulares de gestão, em que, como órgão, o sócio age em nome da sociedade e no interesse dela. Alguns atos têm o condão de desencadear a incidência da exceção, assim, abordaremos as principais hipóteses descritas por tal dispositivo.

---

56   BRASIL. Superior Tribunal de Justiça.RESP 272.236/SC. 1ª T. Rel. Min. Gomes de Barros; REsp 278.741, 2ª T. Min. Franciulli Netto.

A EXPRESSÃO
"EXCESSO DE MANDATO"

A investidura do sócio na administração da sociedade é suficiente para que ele pratique todos os todos os atos necessários ao funcionamento regular da respectiva pessoa jurídica.

No entanto, não raro, pode ocorrer desse sócio extrapolar suas funções, fato que configura o excesso de mandato. São as situações em que o sócio age por sua própria conta e risco e, por via de conseqüência, deverá responder pessoalmente por isto.

Ocorre, entretanto, principalmente nas querelas judiciais respaldadas pela LEF, uma grande dificuldade em caracterizar e configurar o excesso, pois nem sempre é possível encontrar qual ato de gestão extrapola ou não o limite da função de representante da sociedade. Também porque o Fisco não se presta à necessária apuração, apenas indica o nome de um sócio mesmo sem ter conhecimento acerca da respectiva responsabilidade. Nesse mesmo caminho encontramos o seguinte aresto:

> "Em se tratando de dívida fiscal, o título executivo é a certidão de dívida ativa, cuja formação está disciplinada na Lei 6.830, de 1980 e na qual são indicados os nomes do devedor e dos co-responsáveis (art. 2º, § 5º, I; CTN, art. 202, I). Portanto, a indicação, na Certidão de Dívida Ativa, do nome do responsável ou do co-responsável, confere ao indicado a condição de legitimado passivo para a relação processual executiva, autorizando que, contra ele, se promova ou se peça o redirecionamento da execução. Nesse sentido é a jurisprudência do Tribunal."[57]

---

57   BRASIL. Superior Tribunal de Justiça. REsp 272.236-SC. 1ª T. Rel. Min. Gomes de Barro precedentes REsp 278.741, 2Âª T. Rel. Min. Franciulli

Certo da dificuldade de apuração da caracterização do ato ilícito, o legislador tentou conceituar o excesso de mandato, conforme o conceituado no artigo 10 do Decreto nº 3.708/1919, como uma discrepância quantitativa entre o que foi acordado e o ato praticado, enquanto que no desvio de poder a diferença entre estes é qualitativa[58].

O excesso de poder configura-se como o abuso no uso da firma social por parte do sócio administrador. Ocorre quando são ultrapassadas as designações acordadas no ato constitutivo, quando o sócio-gerente pratica atos sem os poderes devidos.

O excesso de poder configura, por via indireta, violação da lei ou do contrato, pois as situações abusivas, normalmente, ultrapassam também os limites ali estipulados. Segundo Fabio Konder Comparato[59] "(...) o desvio de poder consiste, assim, num afastamento não da forma, mas do espírito da lei, representando ato típico de fraus legi, e não contra legem".

Fala-se que o indivíduo agiu com excesso de poderes quando pratica atos sem a concessão de poderes específicos, ou seja, age fora dos limites que lhe são atribuídos através do contrato social ou estatuto. Sua conduta extrapola os poderes de gestão que lhe são autorizados.

O exemplo mais comum é a utilização indevida da firma social e, para tais situações, prevê o Decreto nº 3.708/19, in verbis:

Netto.

58 CRETELLA JR., José. Tratado de Direito Administrativo. p. 243. apud LUCENA, José Waldecy. Das Sociedades por Quotas de Responsabilidade Limitada. p. 332.

59 COMPARATO, Fábio Konder. O Poder de Controle na Sociedade Anônima. p. 284. apud LUCENA, José Waldecy, opus citatum, p. 334.

"Art. 14 - As sociedades por quotas, de responsabilidade limitada, responderão pelos compromissos assumidos pelos gerentes, ainda que sem o uso da firma social, se forem tais compromissos contraídos em seu nome ou proveito, nos limites dos poderes da gerência."

Pode-se concluir que, se acionada pelo Fisco, é a sociedade que responde pelas obrigações assumidas em seu nome ou para seu proveito. Será responsável o sócio quando este atua com desvio de poder, ainda que não tenha, para estes resultados, usado da firma social.

Deve-se ressaltar, também, que somente o sócio-gerente pode desviar-se ou exceder-se no poder que exerce. Se o sócio não-gerente, por exemplo, utilizar indevidamente a firma social ou dela abusar caracteriza-se, diferentemente, ato ilícito absoluto, previsto no artigo 186 do Código Civil, bem como a responsabilidade criminal.

A CONFIGURAÇÃO DA VIOLAÇÃO DO CONTRATO OU DA LEI

É absoluto nas lições preliminares do Direito que ninguém pode escusar-se de cumprir a lei alegando desconhecimento. Nesse mesmo caminho, considerando que o contrato tem força de lei entre as partes[60], esse princípio aplica-se à pessoa jurídica e aos seus respectivos sócios também em relação às disposições contratuais.

---

60   GOMES, Orlando. Contratos. 13. ed. Rio de Janeiro: Editora Forense, 1994. p. 161.

Com efeito, a violação do contrato consiste exclusivamente das hipóteses de prática de atos ultra vires, ou seja, que fogem aos ditames estabelecidos no contrato social. Do mesmo modo, a violação da lei verifica-se quando for praticado algum ato contrário ao estabelecido no ordenamento jurídico. Se, por uma eventualidade, houver violação de alguma disposição contratual que também esteja prevista na lei, resta configurado tal instituto.

A responsabilidade do sócio deve ser verificada por meio da interpretação do contrato ou da lei. De modo adverso, as situações de excesso de mandato por desvio de poder dependem de uma análise com maior carga de subjetividade na definição do que seria o desvio.

Como já afirmado esta responsabilidade só surge após a constatação da respectiva obrigação tributária e, por conseqüência, dos atos que a geram. Somente surgem depois da ocorrência do fato gerador, nos termos do artigo 113, §1º, do CTN. Todavia, "(...) a infração ou descumprimento do contrato e do estatuto social, não corresponde a fato gerador de obrigação tributária, não se podendo dizer que deste ato possa advir uma obrigação de pagar débito tributário"[61].

No entanto, nem sempre o Colendo STJ endente dessa maneira:

> "O sócio-gerente de uma sociedade limitada, por substituição, é objetivamente responsável pela dívida fiscal, contemporânea ao seu gerenciamento, constituindo violação a lei o não re-

---

61   SOUZA, Gelson Amaro de, opus citatum, p. 81-82.

colhimento. Não exclui a sua responsabilidade o fato do seu nome não constar na certidão da dívida ativa.[62]

Os sócios-gerentes são responsáveis pela dívida tributária resultante de atos praticados com infração à lei e quem deixa de recolher tributos devidos pela sociedade comete infração à lei. Recurso improvido. Decisão. Vistos, relatados e discutidos estes autos, acordam os Exmºs. Srs. Ministros da Primeira Turma do Superior Tribunal de Justiça."[63]

O NÃO-RECOLHIMENTO DO TRIBUTO

O não-recolhimento do tributo, tratado como questão decorrente da infração de lei, do contrato social ou do estatuto, é de longe a maior fonte de imputação de responsabilidade ao sócio. Isso porque se estabeleceu, como fato absoluto na responsabilidade tributária, que os diretores e sócios-gerentes apenas podem ser responsabilizados quando atuarem fora dos limites de sua competência.

Essa atuação, obviamente, é aquela que se dá com infração das normas que limitam essa competência, que são exatamente a lei societária, o contrato social ou os estatutos. Todavia, como alhures se observa, a infração tratada pelo artigo diz respeito à legislação societária ou comercial. Por exemplo de infração com

---

62 BRASIL. Superior Tribunal de Justiça.RESP 10.547/SP. 1ª T. DJU 05.09.94, PÁGINA 23.

63 BRASIL. Superior Tribunal de Justiça. RESP 2.03878/RJ. 1ª T. Min. Rel. Garcia Vieira. DJU 21.06.1999.

o condão de provocar a responsabilidade pessoal tem-se a dissolução irregular da sociedade ou o funcionamento de sociedade de fato – não registrada nos órgãos competentes.

As Fazendas Públicas, no entanto, advogam que a falta de recolhimento do tributo constitui infração à lei, conforme o art. 135. Contudo, pensamos que tal conduta não se revela infração à lei. Todavia, cabe transcrever dois arestos que demonstram como entende parte da doutrina e da jurisprudência:

> "A falta de recolhimento de tributo configura infração da lei tributária. Os sócios administradores e diretos de sociedades anônimas são pessoalmente responsáveis pelos créditos correspondentes às obrigações tributárias resultantes de atos praticados com excesso de poderes ou infração de lei. A execução fiscal pode incidir contra o devedor ou contra o responsável tributário, mesmo que o nome deste não conste da certidão de dívida ativa."[64]

> "Os bens do sócio de uma pessoa jurídica comercial não respondem, em caráter solidário, por dívidas fiscais assumidas pela sociedade. A responsabilidade tributária imposta por sócio administrador, diretor ou equivalente só se caracteriza quando há dissolução irregular da sociedade ou se comprova infração à lei praticada pelo dirigente. Em qualquer espécie de sociedade comercial, é o patrimônio social que responde sempre e integralmente pelas dívidas sociais. Os diretores não respondem pessoalmente pelas obrigações contraídas em nome da sociedade, mas respondem para com esta e para com terceiros solidária e ilimitadamente pelo excesso de mandato e pelos atos praticados com viola-

---

64   BRASIL. Superior Tribunal de Justiça. RESP 7.387-0/PR. 1ª T. Rel. Min. Milton Luiz Pereira. DJU 11.09.95.

ção do estatuto ou lei (art. 158, I e II, da Lei nº 6.404/76).

De acordo com o nosso ordenamento jurídico-tributário, os sócios (diretores, administradores ou representantes da pessoa jurídica) são responsáveis, por substituição, pelos créditos correspondentes a obrigações tributárias resultantes da prática de ato ou fato eivado de excesso de poderes ou com infração de lei, contrato social ou estatutos, nos termos do art. 135, III, do CTN.

O simples inadimplemento não caracteriza infração legal. Inexistindo prova de que se tenha agido com excesso de poderes, ou infração de contrato social ou estatutos, não há falar-se em responsabilidade tributária do ex-sócio a esse título ou a título de infração legal. Inexistência de responsabilidade tributária do ex-sócio."[65]

Parte da doutrina, com a qual não concordamos, entende que no que tange à expressão infração de lei, tal interpretação advém do argumento de que, sendo a lei tributária uma lei como outra qualquer, é formada de descritor e prescritor, em que o primeiro se traduz na hipótese de incidência que, verificada no mundo fático, dá nascimento à obrigação tributária e o segundo se traduz no comando normativo 'pague'.

Ao deixar de pagar, estar-se-á deixando de realizar o comando normativo contido na lei material tributária. Ademais, se a situação de mora se perpetuar, haverá a possibilidade da empresa deixar de existir sem o pagamento do tributo e do di-

---

65 BRASIL. Superior Tribunal de Justiça. Tributário e processual civil. agravo regimental. não incidência das súmulas nºs 07 e 207. execução fiscal. responsabilidade de sócio-gerente. limites. art. 135, III, DO CTN. Precedentes. AGA 428886/MG - 1ªT - Rel. Min. José Delgado - DJ 29.04.2002.

nheiro, que deveria ter sido utilizado para tal fim, ser subtraído pelos sócios.

Haveria, então, uma apropriação indébita. Daí, segundo elas, haverá a infração de lei tributária, suficiente à imputação de responsabilidade a que se refere o artigo 135, inciso III, do CTN. Renato Lopes Becho[66] argumenta se verdadeira fosse esta interpretação, "(...) qualquer infração à lei – como uma devolução de cheque sem correspondente fundos, aplicação de multa de trânsito, atraso de pagamento de duplicata ou de qualquer obrigação –, transferiria a responsabilidade para o administrador (...)", mitigando indevidamente a separação entre a pessoa jurídica e a pessoa física.

É necessário, para as hipóteses do artigo, que haja um processo administrativo prévio, a fim de verificar se o não-recolhimento do tributo é diretamente ligado a uma infração legal ou excesso de poder. Não é possível se presumir a culpa, sem a apuração e apresentação da competente defesa.

Isso, com todo o respeito é inaceitável. É até admissível a existência de algumas incertezas na definição de ato contrário à lei para os fins do art. 135 do CTN.

Entretanto, não se pode, de maneira alguma, definir a expressão de modo a alcançar o mero inadimplemento, estiolando não apenas as pessoas jurídicas, mas também o direito ao devido processo legal e à ampla defesa de seus representantes. Com esse enfoque, já decidiu o STJ que:

> "Quem está obrigada a recolher os tributos devidos pela empresa é a pessoa jurídica, e, não

---

66   BECHO, Renato Lopes. Opus citatum, p. 181.

obstante ela atue por intermédio de seu órgão, o diretor ou o sócio-gerente, a obrigação tributária é daquela, e não destes.

Sempre, portanto, que a empresa deixa de recolher o tributo na data do respectivo vencimento, a impontualidade ou a inadimplência é da pessoa jurídica, não do diretor ou do sócio-gerente, que só respondem, e excepcionalmente, pelo débito, se resultar de atos praticados com excesso de mandato ou infração à lei, contrato social ou estatutos, exatamente nos termos do que dispõe o art. 135, inciso III, do Código Tributário Nacional. Recurso especial conhecido, mas improvido."[67] Nesse caminho, afirma Hugo de Brito Segundo[68]:

"Se o mero inadimplemento fosse suporte fático do art. 135, III, do CTN, realmente nada disso seria necessário. A simples existência do executivo fiscal já justificaria a responsabilização dos diretores. Viu-se, porém, que esse entendimento é inteiramente inaceitável, sendo a infração de lei referida no artigo a violação de leis societárias que regulamentam a atividade do órgão social. Essa violação, como qualquer outra, precisa ser comprovada, através de processo no qual seja assegurada a ampla defesa e demais garantias constitucionais processuais".

Citada por Renato Lopes Becho[69], Lucia Valle Figueiredo afirma que:

---

67   BRASIL. Superior Tribunal de Justiça. RESP 100739/SP. 2Âª T. Rel. Min. Ari Pargendler. DJU 01.02.1999 P.: 138 RET VOL.:00008.

68   Hugo de Brito Machado Segundo. A execução fiscal e a responsabilidade de sócios e dirigentes de pessoas jurídicas. Publicada na Revista de Estudos Tributários nº 23 – JAN-FEV/2002, pág. 124.

69   Tribunal Regional Federal da 3Âª RegiÃ£o, AC 405231, apud Idem. p. 182.

"(...) deixar de recolher tributo não se caracteriza infração de lei. Não posso entender que o sócio tenha agido com dolo ou culpa quando descumpre prazo para parar determinada exação. Mais ainda, quando o Fisco possibilita ao contribuinte parcelamentos de débitos, anistia, remissão, e outros benefícios para o crédito tributário. Ora, não é a mesma situação quando se dissolve irregularmente a sociedade, aí sim importando em infração de lei."

O autor Hugo de Brito Machado[70], com o mesmo entendimento, assevera que:

"Não se pode admitir que o não pagamento do tributo configure a infração de lei, capaz de ensejar tal responsabilidade, porque isto levaria a suprimir-se a regra, fazendo prevalecer, em todos os casos, a exceção."

Se considerarmos, então, que o simples fato de não ser recolhido o tributo devido é caracterizador da responsabilidade pessoal, estar-se-ia diante mais uma vez de uma imputação objetiva.

Parte do Superior Tribunal de Justiça entende que o simples inadimplemento de obrigação tributária não induz à responsabilização dos sócios, que só insurgiria ante a dissolução irregular ou a comprovada prática de atos ilegais ou abusivos do poder de gestão, hipóteses em que fica autorizado o redirecionamento da demanda executiva. Todavia, como adiante comprovaremos, existem entendimentos no sentido contrário que, por exemplo, deferem o redirecionamento do certame apenas com a

---

70   Hugo de Brito. Ob cit. p. 152.

juntada da Certidão da Junta Comercial, sem atentar para as reais hipóteses de inclusão do terceiro na lide.

Em suma, o simples inadimplemento da obrigação tributária, sem dolo ou culpa, representa apenas a mora da pessoa jurídica contribuinte, mas não, por si só, ato violador da lei ou do estatuto social, por parte do sócio.

A LEI DE EXECUÇÃO FISCAL

A EXECUÇÃO PARA COBRANÇA DO DÉBITO inscrito na dívida ativa da União, dos Estados, do Distrito Federal, dos Mu-
nicípios e respectivas autarquias está regulamentada pela Lei
6.830/80, de 22.09.1980, a Lei de Execução Fiscal.

Hugo de Brito Machado[71] conceitua a lei de execução fiscal como:

> "(...) o instrumento que a ordem jurídica oferece
> à Fazenda Pública para haver seus créditos – va-
> ler dizer, para forçar seus devedores ao paga-
> mento de suas dívidas, sejam tributárias ou não,
> desde que tenham sido apuradas regularmente e
> estejam inscritas como dívida ativa."

---

71   MACHADO, Hugo de Brito, opus citatum, p. 443.

Ela foi fruto de anteprojeto elaborado na Procuradoria-
-Geral da Fazenda Nacional, visando a dar maior simplicidade e
rapidez ao processo e fixar definitivamente o controle administrativo da legalidade acerca da inscrição do débito como dívida
ativa da Fazenda Pública.

Todavia, de acordo com Eduardo Domingos Bottalo[72]:

> "(...) em nada concorreu para o aprimoramento
> do processo judicial de cobrança da dívida ati-
> va. Muito pelo contrário, o diploma em questão
> destaca-se pela tentativa de suprimir direitos
> fundamentais e atropelar procedimentos a res-
> peito dos quais já se havia assentado pacífico
> entendimento, além de penetrar em áreas que
> refogem aos reconhecidos limites do processo,
> ou seja, àquelas reservadas ao direito material
> tributário em sentido estrito."

Com o mesmo enfoque é a lição de Humberto Theodoro
Júnior[73]:

> "Na verdade, padece a nova lei de execução fis-
> cal de, pelo menos, dois graves defeitos funda-
> mentais: a) a desconsideração de um princípio
> que já se integrara ao CPC, um todo harmôni-
> co e funcional; e b) a instituição de privilégios
> exagerados e injustificáveis para o Fisco, que foi
> cumulado com favores extremos."

O texto da LEF não contemplou um tratamento exaustivo
da matéria de execução fiscal. Apenas estabeleceu, por conveni-

---

72   BOTTALO, Eduardo Domingos, Curso de Iniciação em Direito Tributário, p.249.

73   THEODORO JR., Humberto. Lei de Execução Fiscal. p. 4.

ência, um regime específico para alguns tópicos e para outros aplica, em caráter subsidiário, as disposições trazidas pelo CPC para a execução por quantia certa, disciplinando não apenas o procedimento mais, também, por exemplo: os aspectos da dívida ativa – art. 2º, a legitimação passiva do certame – art. 4º, a competência – art. 5º, etc.

Ao contrário do que ocorre com os demais títulos enumerados pelo art. 585, do CPC, a Certidão da Dívida Ativa é um documento produzido unilateralmente pelo credor que, neste mister, deve apenas obediência às prescrições legais pertinentes, sem a necessidade da anuência do devedor. Ou seja, a Fazenda, gozando das prerrogativas pertinentes à Administração Pública, independe de qualquer ato de concordância ou adesão por parte do devedor. Entretanto, deve se ater às garantias constitucionais conferidas aos contribuintes.

A Dívida Ativa representa o crédito da Fazenda Pública regularmente inscrito no órgão e por autoridade competente, depois de esgotado o prazo final para pagamento fixado pela lei ou por decisão final, em processo administrativo regular.

Esta dívida, regularmente, inscrita goza da presunção relativa de certeza e liquidez, que somente pode ser elidida por prova irretorquível a cargo do executado ou do responsável, a quem aproveite, conforme os artigos 202 e 204, do CTN. Antes, portanto, de ingressar em juízo, tem a Fazenda Pública que promover o acertamento do seu crédito, por meio do procedimento de inscrição para determinar a existência do crédito, a quantia devida e a responsabilidade principal e subsidiária por seu resgate.

Em outras palavras, antes da própria execução fiscal do título, é relevante verificar quem deve, o que se deve e o porque deve. A questão dessa apuração da responsabilidade ainda no procedimento administrativo é um ponto primordial no tema da responsabilidade do sócio.

No procedimento administrativo prévio, anterior a inscrição do débito como Dívida Ativa, deveria a Fazenda realizá-lo respeitando a igualdade entre as partes litigantes, o contraditório, a ampla defesa e os cânones do devido processo legal, à luz do art. 5º, LIV e LV, da CF e do art. 201, do CTN.

Tais regras indicam não só os modos pelos quais o processo administrativo deve se realizar, como ainda os casos em que ele pode ser feito, com esse objetivo de conduzir à inscrição da dívida. Entretanto, principalmente em relação ao responsável, esses ditames nem sempre são observados.

Somente se pode admitir a execução fiscal depois de exaurido todo o processo administrativo.

A observância do preceito constitucional que garante a todos o direito à ampla defesa torna necessária a intimação do devedor da inscrição da dívida ativa, legitimando o procedimento administrativo instaurado pelo órgão estatal. De outra maneira, não merece prosperar a respectiva pretensão da Fazenda.

O SUJEITO PASSIVO
DA EXECUÇÃO

Quando o Fisco não localiza o devedor ou seus bens se mostrem insuficientes tem início os abusos praticados contra terceiros, em especial o sócio. Todavia, é certa a possibilidade de integração no pólo passivo da lide, caso se verifique a ocorrência de algumas hipóteses, o redirecionamento da execução.

A questão do sujeito passivo na execução fiscal é estabelecida pelo art. 4º, mas fundada nos artigos 568, IV, do CPC, e 121, do CTN e, como temos defendido nesta monografia, deve ser apurada não apenas contra o devedor originário, mas também contra o eventual responsável tributário.

Para definir-se a legitimidade passiva não basta apurar a responsabilidade de quem, em tese, pode responder pela dívida. É indispensável identificar quem, concretamente, se acha vinculado ao título, já que nulla executio sine titulo[74].

Aliás, a LEF e o CTN prevêem, expressamente, a necessidade de a inscrição em dívida ativa registrar o nome do devedor e dos co-responsáveis depois de finalizado o processo administrativo, sob pena de absoluta nulidade do procedimento administrativo. Essa é a vontade da lei, mas nem sempre respeitada.

Como à Dívida Ativa da Fazenda Pública, de qualquer natureza, se aplicam as normas relativas à responsabilidade previstas na legislação tributária, civil e comercial, dispõe o art. 4º da LEF que a execução fiscal pode ser promovida contra: o respon-

---

74   THEODORO JR., Humberto. Opus citatum, p. 26

sável nos termos da lei, por dívidas, tributárias ou não, de pessoas físicas ou jurídicas de direito privado.

Apesar do disso, o próprio art. 4º da LEF prevê que o título executivo dispõe de liquidez e certeza, requisitos sine qua non da execução forçada. Esses requisitos somente decorrem do regular procedimento do débito pelo órgão competente.

Oportuna a lição de Humberto Theodoro Júnior[75]:

> "É preciso, portanto, sua qualidade de responsável tributário que está a reclamar acertamento antes do ingresso da Fazenda no Juízo executivo, pois, ao contrário, estar-se-ia admitindo a execução e, conseqüentemente, sem a certeza jurídica da obrigação que se intenta realizar, sob a coação estatal de medidas executivas, concretas, imediatas e definitivas."

Seria manifestamente absurdo o raciocínio de que o agente da administração tributária pudesse se desviar dos procedimentos que resguardam os direitos dos contribuintes, sob alegação de que, em última análise, sempre cabe ao particular o direito de pleitear, perante o Judiciário, a correção ou anulação dos atos da administração que viessem a causar lesões a seus direitos. Nesse contexto afirma James Marins[76].

> "Ao lado da necessidade de se buscar satisfazer o crédito fazendário, surge a necessidade de se buscar também o respeito incondicional ao sistema de garantias da relação jurídica tributária.

---

75   HEODORO JR., Humberto. Opus citatum, p. 26

76   MARINS, James. Direito processual tributÃ¡rio brasileiro: administrativo e judicial. p. 538.

Desse limite, por mais que se propugne pelo interesse publico da satisfação do credito, não se pode passar a execução fiscal."

Esclarece também Humberto Theodoro Júnior[77]:

"(...) o órgão judicial há de averiguar se ele se acha integrado inquestionavelmente ao título, como se dá com o fiador, o sócio solidário e outros similares. Em outras situações em que a responsabilidade depende de demonstração de fatos outros estranhos ao título ou às regras cogentes de lei, é claro que o órgão judicial não dispõe de um meio imediato e eficaz de verificação da certeza do vínculo do suposto devedor à responsabilidade executiva. Deve a Fazenda Pública apurar previamente os respectivos fatos."

Assim, esta monografia se posiciona no sentido de que é inadmissível, em feito da espécie, pretender a Fazenda Pública o acertamento de responsabilidade tributária do terceiro ou co--responsável que não figuram no procedimento administrativo e contra quem não se formou o título executivo, a CDA. Nesse sentido, inclusive, já se manifestou o STJ:

"Em se tratando de dívida fiscal, o título executivo é a certidão de dívida ativa, cuja formação está disciplinada na Lei 6.830, de 1980 e na qual são indicados os nomes do devedor e dos co-responsáveis (art. 2º, § 5º, I; CTN, art. 202, I). Portanto, a indicação, na Certidão de Dívida Ativa, do nome do responsável ou do co-responsável, confere ao indicado a condição de legitimado passivo para a relação processual executiva, au-

---

77   THEODORO JR., Humberto. Opus citatum, p.60/61

torizando que, contra ele, se promova ou se peça redirecionamento da execução."[78]

Mesmo com a prerrogativa do Fisco emendar ou substituir a CDA antes da decisão de primeira instancia, deve haver uma limitação à tal possibilidade. Pois, é impossível de se consagrar o acertamento do crédito após o ajuizamento do certame, por contrariar a estabilização da lide.

É impossível sanar vícios materiais, sob pena de se ofender a defesa do contribuinte, bem como não cabe ao judiciário saná-los, sob pena de avocar competência da autoridade fiscal, responsável exclusiva pelo lançamento tributário.

Essa substituição visa corrigir erros materiais do título executivo ou mesmo da inscrição que lhe serviu de origem. Não tem, contudo, a força de permitir a convalidação de nulidade plena no plano do procedimento administrativo, como a que ocorre do cerceamento de defesa ou inobservância do procedimento legal no lançamento e na aplicação do crédito fazendário.

Em outras palavras, mesmo existindo a possibilidade de retificar ou substituir o título executivo, essa prerrogativa se limita aos casos em que se manteve a integralidade do procedimento administrativo.

Em suma, mesmo com as prerrogativas conferidas ao Fisco, na execução fiscal movida contra sócio só haverá certeza da sua responsabilidade quando se comprove a assunção do débito social pelo sócio e exista sentença declaratória da responsabili-

---

[78]   BRASIL. Superior Tribunal de JustiÃ§a. REsp 272.236-SC. 1Âª T. Rel. Min. Gomes de Barros, precedentes REsp 278.741, 2Âª T. Rel. Min. Franciulli Netto.

dade do sócio, apurada em prévio processo de cognição ou em regular procedimento administrativo.

Imprescinde que, se tenha procedido ao lançamento e inscrição da dívida ativa não só em nome da sociedade, mas também do sócio como co-responsável tributário, de acordo com os artigos 202, I, do CTN e 2º, § 5º, I, da LEF. Este trabalho, então, defende de forma veemente a necessidade do Fisco, ainda na fase administrativa, realizar um procedimento para apuração de responsabilidade pessoal.

De outra forma, a inclusão do sócio, pelo redirecionamento do pleito é ilegal, pois, como previsto pela própria LEF, é necessária a inscrição como ato de legalidade do crédito fazendário, em nome do devedor e dos respectivos co-responsáveis – art. 2º, § 5º, I, da LEF e o art. 202 do CTN.

A CDA deve refletir de forma idônea o que se apurou no procedimento administrativo. Semelhante detalhe por vezes escapa à autoridade fiscal. É o que ocorre, por exemplo, quando sem se fazer referencia expressa no titulo executivo busca o fisco cobrar a divida de suposto responsável cujo nome é estranho a execução ou proceder as alterações no titulo que não foram legitimadas por anterior acertamento. JAMES MARINS[79] afirma que:

> "O titulo executivo para ser válido, leia-se gerar presunção de liquidez e certeza deve espelhar fielmente o que se apurou no procedimento administrativo – que em seu turno deve ter sido realizado em absoluta adstritação à lei, material, formal e, em certos casos, processual – sob pena de ineficácia da execução e nulidade do titulo. Se

---

79   MARINS, James, opus citatum, p. 538.

não for regular o procedimento administração não haverá presunção de certeza impossibilitando qualquer pretensão do fisco."

DEFESA DO
SÓCIO

Realizadas essas considerações e constatado que, mesmo sem os requisitos primordiais para a aplicação da responsabilidade pessoal e da legitimidade passiva, o Fisco logra êxito no requerimento de redirecionamento da execução, convém estabelecer o meio processual de defesa do sócio indicado.

No caso de constar o nome do sócio na CDA, condição suficiente para estabelecer a legitimação passiva (CPC, art. 568, I), há condição da legitimação passiva para a relação processual executiva, autorizando que, contra ele, se promova ou se peça redirecionamento da execução.

No entanto, a configuração dos requisitos da legitimação passiva não significa, todavia, afirmação de certeza a respeito da existência da responsabilidade tributária. Para se saber se o executado é efetivamente devedor ou responsável pela dívida é necessária a prévia apuração, conforme o previsto pelo art. 135, do CTN. Caso contrário o sócio deve manejar sua defesa por meio dos embargos à execução, onde o ônus de provar que agiu dolosamente, com fraude ou excesso de poderes é imputado à Fazenda.

Parte do STJ vem seguindo esse caminho, estabelecendo que o redirecionamento é relativo apenas à condição de legitimado passivo para a relação processual executiva, mas não confirma, a não ser por presunção relativa (CTN, art. 204), a existência da responsabilidade tributária.

É diferente a situação quando o nome do eventual responsável pessoal não figura na Certidão de Dívida Ativa. Nesses casos não se configura a legitimidade descrita pelo art. 568, V, do CPC, cabendo à Fazenda Pública promover o devido procedimento prévio para apuração da responsabilidade.

É indispensável que o Fisco demonstre, em processo administrativo prévio, as hipóteses estabelecidas pelo legislador tributário. Não é o bastante, como vem acontecendo, apenas a petição fundamentada fazendo a simples referência ao art. 135, III, do CTN.

Nesses casos, não obstante os diversos entendimentos da doutrina, esta monografia defende a tese de que o sócio, por meio da exceção de pré-executividade, pode argüir as questões relativas às condições da ação e vícios objetivos do título, referentes à certeza, liquidez e exigibilidade, elidindo a temerária pretensão do Fisco. Acerca da exceção de pré-executividade a 1ª turma, a 2ª turma e a 3ª turma do STJ já afirmaram ser cabível, de forma excepcional, sempre que se pretenda argüir questões relativas aos pressupostos processuais e condições da ação, desde que não demandem dilação probatória. Vale transcrever um importante entendimento nesse sentido:

> "A exceção de pré-executividade consiste na defesa do executado, admitida pela doutrina e pela jurisprudência em situações excepcionais, sem a necessidade de segurança do juízo ou oposição de embargos do devedor.
> Se a controvérsia acerca da ilegitimidade puder ser resolvida por prova inequívoca, sem necessidade de qualquer dilação, cabível será a exceção de pré-executividade.

> A questão em torno da ilegitimidade passiva dos sócios, cujos nomes constam na CDA, demanda dilação probatória acerca da responsabilidade decorrente do artigo 135 do Código Tributário Nacional, em razão da presunção de liqüidez e certeza da referida certidão (art. 204 do CTN). In casu, é imprescindível a oposição de embargos à execução para a apresentação da defesa, visto que a análise da questão depende de produção de provas."[80]

Este trabalho confirma que, em várias passagens, a Fazenda Pública, legitimada pela LEF e amparada pelo Colendo STJ, alcança indevidamente o patrimônio do sócio sem o devido procedimento prévio para apuração da responsabilidade tributária ou verificando simplesmente o não-recolhimento do tributo, autorizando o ajuizamento ou redirecionamento do certame executivo contra o sócio.

O STJ, em flagrante equívoco, permite o redirecionamento da execução fiscal sem a observância de quaisquer requisitos, a saber, a indicação do nome do sócio na CDA, acompanhada pelo respectivo procedimento administrativo necessário à apuração da responsabilidade pessoal, o que demonstra que no momento de apuração do crédito a Fazenda não se presta a perquirir acerca do representante da pessoa jurídica, tampouco acerca do eventual responsável tributário.

Permitir que o Fisco continue atuando dessa maneira, mesmo com o respaldo o interesse público, representa flagrante ilegalidade e iniqüidade, para não se falar em tirania. Não se pretende

---

80   BRASIL. Superior Tribunal de Justiça. REsp 336468/ DF. 2Âª T. Rel. Min.Franciulli Netto. DJU 30.06.2003.

legitimar o caos no sistema tributário-econômico nacional, mas os sócios não podem funcionar como garantes universais das pessoas jurídicas. Não há norma legal para tanto.

CONSIDERAÇÕES FINAIS

As premissas gerais adotadas no presente trabalho foram percutidas em sua aplicação especifica ao tema da responsabilidade tributária do sócio na execução fiscal e com isso procurou oferecer uma modesta contribuição ao desenvolvimento de um terreno de inegável importância teórica e prática.

Em vias de conclusão salienta-se que, como orientou todo o trabalho, os agentes da administração tributária não se cansam de exigir tributos daqueles que não se revestem de qualquer responsabilidade, agindo em flagrante abuso de poder. Na luta por um Estado Democrático de Direito a postura do cidadão, vítima desse arbítrio, dispondo-se a defender os seus direitos é da maior importância.

É absoluto que não se pode imputar ao diretor ou sócio administrador, fundamentado pelo art. 135, do CTN, a prática de ato contrário à lei societária ou ao contrato social sem ofertar-lhe oportunidade de defesa, nem tampouco sem a prévia instauração de processo administrativo específico para esse fim.

Em se tratando da responsabilidade prevista pelo art. 135 do CTN, em qualquer de seus incisos, é indispensável a instauração de processo administrativo específico para o fim de apurar a prática dos atos descritos no seu caput.

Pode-se argumentar, sem razão, aliás, que as pessoas elencadas no inciso I desse artigo respondem de forma ilimitada, não sendo necessária a instauração do processo administrativo. Entretanto, não se pode olvidar que nesse caso o Fisco há de executar primeiro os bens sociais, para, somente na insuficiência desses, penhorar bens dos sócios. Se instaurado o processo administrativo e apurada a infração, a responsabilidade é pessoal, sendo desnecessária a observância do art. 350 do Código Comercial e do art. 134 do CTN.

Do exposto, conclui-se, em apertada síntese, o seguinte:

a. a classificação adotada pelo art. 121 do CTN e seguida pela doutrina clássica não tem o condão de afastar equívocos acerca de sua aplicação. Existem, respectivamente, nos incisos desse artigo, os sujeitos passivos constitucionais e os sujeitos passivos legais;

b. os sujeitos passivos legais são definidos na legislação infraconstitucional, mas sem realizarem a ação material descrita na norma. Se subdividem em representantes e substitutos tributários;

c. em relação ao art. 134: há impossibilidade de exigência do cumprimento da obrigação principal por parte do sujeito passivo constitucional se os representantes intervierem nos atos tributados ou cometeram omissões de deveres que incumbiam, segundo a lei fiscal. Há solidariedade, respondendo a pessoa jurídica e seu respectivo sócio;

d. na responsabilidade tributária a exceção é a responsabilidade pessoal. Os diretores, gerentes ou administradores de pessoas jurídicas de direito privado respondem exclusivamente e pessoalmente quando agirem com excesso de poderes, infração do contrato social ou das leis societárias;

A hipótese do art. 135 é de responsabilidade individual, não se funda no mero inadimplemento da sociedade contribuinte, mas na conduta dolosa especialmente de um fato gerador de tributo praticado com excesso de poder, infração da lei ou violação do contrato social, por parte do gestor da pessoa jurídica;

e. não pode ser interpretado como infração à lei, para os fins do art. 135 do CTN, o não-recolhimento do tributo, uma vez que não se pode transformar exceção em regra infalível e porque, no art. 134, o legislador já disciplinou a matéria referente ao inadimplemento;

f. quanto à lei de execução fiscal, o título executivo ensejador da execução fiscal deve indicar todos os responsáveis e co-responsáveis, sob pena de inexistência do título executivo. Não é possível a indicação do sócio, a título de responsável pessoal, no curso da execução fiscal, pois nesta responsabilidade a apuração prévia é indispensável.

Por extremo, reafirmamos que a conduta do Fisco vai de encontro aos ditames estabelecidos pelo Código Tributário Nacional e a Constituição Federal, demandado sem respaldo algum contra os membros da pessoa jurídica executada.

A execução fiscal, como realidade a ser compreendida dentro da execução em geral, particularmente após a promulgação da CF, além de garantir o interesse do credor deve também levar em conta a incondicional defesa dos direitos do devedor, sob pena de se tornar arbítrio.

Alias é salutar, em se tratando de processo de execução, propugnar-se pela aplicação de todas as garantias processuais que se aplicam às diferentes espécies de procedimentos.

É imperioso o reconhecimento dos direitos conferidos aos sócios, diretores e gerentes. Não funcionam como garantes universais dos Estados. A posição aqui adotada, não defende o esvaziamento dos cofres públicos. Pelo contrário, com a devida apuração prévia de responsabilidade e novos instrumentos administrativos de controle, pode o Fisco alcançar novos devedores, sem importar em desrespeitos as regras constitucionais. Defende-se, tão somente, o devido cumprimento das leis do país e a segurança jurídica referentes à separação da pessoa jurídica e a pessoa física.

REFERÊNCIAS BIBLIOGRÁFICAS

AMARO, Luciano. Direito Tributário Brasileiro. 10. ed. São Paulo: Saraiva, 2004. ATALIBA, Geraldo. Hipótese de Incidência Tributária. São Paulo: Revista dos Tribunais.

ASSIS, Araken de. Manual do Processo de Execução.8. ed. rev., atual. e ampl. São Paulo: Revistas dos Tribunais, 2002.

ASSOCIAÇÃO BRASILEIRA DE NORMAS TÉCNICAS. NBR 6022: apresentação de artigos em publicações periódicas. Rio de Janeiro, 1994.

_____. NBR 6023: informação e documentação: referências: laboração. Rio de Janeiro, 2000.

_____. NBR 10520: apresentação de citações em documentos. Rio de Janeiro, 2000.

_____. NBR 10719: apresentação de relatórios técnico-científicos. Rio de Janeiro, 2000.

BALEEIRO, Aliomar. Direito Tributário Brasileiro. 11.ed. Atualizada por Misabel Derzi. Rio de Janeiro: Forense, 2004.

BRASIL. Constituição (1988). Constituição da República Federativa do Brasil. Brasília, DF: Senado, 1988.

BECHO, Renato Lopes. Sujeição Passiva e Responsabilidade Tributária. São Paulo: Dialética, 2000.

BECKER, Alfredo Augusto. Teoria Geral do Direito Tributário. 3. ed. São Paulo: Lejus, 2002.

BOTTALO, Eduardo Domingos. Curso de Iniciação em Direito Tributário. São Paulo: dialética, 2004.

CARVALHO, Paulo de Barros. Curso de Direito Tributário. São Paulo: Saraiva. CARRAZA, Roque. Curso de Direito Constitucional Tributário. 12 ed. São Paulo: Malheiros, 1999.

CASSONE, Vittorio. Direito Tributário – atualizado pela nova Constituição. 2ª ed. São Paulo: Atlas, 1990.

COELHO, Fábio Ulhoa. Curso de Direito Comercial. 5ª. ed. São Paulo: Saraiva, 2002. v. 2.

_____. Manual de Direito Comercial. 14ª ed. São Paulo: Saraiva, 2003. COELHO, Sacha Calmon Navarro. Curso de Direito Tributário Brasileiro. 6. ed. Rio de Janeiro, 2001.

_____. Comentários ao Código Tributário Nacional. Coordenador Carlos Valder do Nascimento. Rio de Janeiro: Forense, 1997.

COSTA, Mauro José Gomes da. Acerca da Sujeição Passiva Tributária. Jus Navigandi, Teresina, a. 5, n. 51, out. 2001. Disponível em: <http://www1.jus.com.br/doutrina/texto.asp?id=2032>. Acesso em: document.write(capturado()); 12 abr. 2009.

DINIZ, Gustavo Saad. A Modificação do Sujeito Passivo com a Disciplina da Responsabilidade Tributária. Publicado na Revista de Estudos Tributários nº 17 – JAN-FEV/2001, p. 5.

GOMES, Orlando. Contratos. 13. ed. Rio de Janeiro: Editora Forense, 1994. Redirecionamento da Execução Fiscal. Jus Navigandi, Teresina, a. 8, n. 263, 27 mar. 2004. Disponível em: <http://www1.jus.com.br/doutrina/texto.asp?id=5011>. Acesso em: 24 fev. 2005.

LUCENA, José Waldecy. Das Sociedades por Quotas de responsabilidade Limitada. Rio de Janeiro: Editora Renova, 1996.

MACHADO, Hugo de Brito. Curso de Direito Tributário. 11ª. ed. São Paulo: Malheiros Editores, 1996.

MACHADO SEGUNDO, Hugo de Brito. A execução fiscal e a responsabilidade de sócios e dirigentes de pessoas jurídicas. Publicada na Revista de Estudos Tributários nº 23 – JAN-FEV/2002, pág. 124.

MARINS, James. Direito processual tributário brasileiro: administrativo e judicial. 2. ed. São Paulo: Dialética, 2002.

MORAES, Bernardo Ribeiro de. Compêndio de Direito Tributário, 3 ed., Rio de Janeiro: Forense, 1995, v. II.

MORAIS, Flávio Eduardo Fonseca de. Responsabilidade Solidária do Sócio Perante o Crédito Tributário . Jus Navigandi, Teresina, a. 8, n. 189, 11 jan. 2004. Disponível em:<http://www1.jus.com.br/doutrina/texto.asp?id=4715>. Acesso em: 26 fev. 2005. NOGUEIRA, Ruy Barbosa. Curso de Direito Tributário. 15 ed., São Paulo: Saraiva, 1999.

OLIVEIRA, José Jayme de Macedo. Código tributário nacional: comentários, doutrina e jurisprudência. São Paulo: Saraiva, 1998. p. 291. REQUIÃO, Rubens. Curso de Direito Comercial. 23. ed. São Paulo: Saraiva, 1998. v.1.

SILVA, Sérgio André Rocha Gomes da. Responsabilidade Pessoal dos Sócios por Dívidas Fiscais da Pessoa Jurídica. IN. Revista Dialética de Direito Tributário, n. 76, p. 119-130, jan. 2002.

SOUZA, Gelson Amaro de. Responsabilidade Tributaria e Legitimidade Passiva na Execução Fiscal. 2. ed. Ribeirão Preto: Nacional de Direito Livraria e Editora, 2001. SOUZA, Rubens

Gomes de Souza. Compêndio de Legislação Tributária. Obra póstuma. São Paulo: Ed. Resenha Tributária, 1975.

THEODORO JR., Humberto. Curso de Direito Processual Civil. vol. II. 4 ed. Rio de Janeiro: Forense, 2000.

_____. Lei de Execução Fiscal. 8 ed. rev. São Paulo:Saraiva, 2002.

VALÉRIO, Walter Paldes. Programa de Direito Tributário. 16ª Ed. Porto Alegre: Sulina, 1999.

VENOSA, Sílvio de Salvo. Direito Civil: Teoria Geral Das Obrigações e Teoria Geral dos Contratos. São Paulo: Atlas, 2001.

AGRADECIMENTOS

À TODOS OS QUE INCENTIVARAM E colaboraram para a realização deste trabalho, em especial à Maria da Penha, Patrícia e
Paulo Henrique.

SOBRE A AUTORA

Valéria Reis Gravino é advogada, possui dois títulos de MBA e certificados de Harvard. É professora e articulista de vários sites. Autora do livro "A responsabilidade tributária do sócio na execução fiscal", chegando ao 1º lugar na lista dos livros mais vendidos da Amazon, no gênero, igualmente disponível Saraiva on line. É autora de outras obras literárias, com

distinção, lançadas em salões e feiras nacionais e internacionais, e concorrendo à importantes premiações literárias (Prêmio Oceanos, Jabuti e Kindle de Literatura). Agraciada com o Troféu Cecília Meireles – Mulheres Notáveis, 2017.

Recentemente foi certificada pelo Instituto Innovare por suas práticas em Direito Tributário, que passaram a fazer parte do banco de práticas do instituto por ocasião do prêmio homônimo de 2016. É membro vitalício da Academia de Letras do Brasil e foi condecorada com o título meritório de Comendadora, pela Associação Brasileira de Liderança, sendo agraciada com o Prêmio Excelência e Qualidade Brasil 2017.